專注力就是你的超能力

掌控自我、提升成績的18個學習武器

DaiGo 著　高宜汝 譯

讓現代工作者提升效率的解藥

康泰納仕樺舍集團數位營運總監　李全興

「So much to do, So little time.」這大概是現代工作者常有的感嘆，主要原因之一應該是「太多事讓人分心，很難保持專注」。進一步我們自然會想知道：「提升專注力，有方法嗎？」

讓我用比喻來說明閱讀這本書之後的感想吧……當使用設計精細的器具如3C用品時，我們都知道需要詳細閱讀說明書，藉以了解其操作方式以避免錯誤使用。但是對於更加複雜的人體而言，一來並沒有說明書，二來我們也常用不正確的方式對待自己，如此自然無法發揮最好的效率。本書有點像是專注力的使用說明書，探究影響人們專注程度的各種因素，歸納出十八項可以提升、維持、恢復、善用專注力的方法，讓苦於時間不足的工作者可以更高效的產出。

因爲工作屬性的關係，我同時要兼顧許多不同領域與時效需求的任務，也需要每天保持對社群議題的關注。常希望可以維持長時間專注去處理工作，發現實際上很難做到時，總覺得是自己意志力的問題並感到挫折；讀完這本書後才知道「專注」並不符合天性，因爲在演化的過程裡唯有眼觀四面、耳聽八方才能提升存活率。我也沒認知到專注力其實並不會區分成「工作用」與「生活用」，因此常常讓自己暴露在要做各種選擇與決定的環境下，但其實「選擇與決定」都會消耗專注力（賈伯斯與馬克祖克伯之所以每天都選擇相同穿著，是有其道理的）。

而誤以爲專注是一種特殊天賦，也錯失了可以藉由正確方式鍛鍊專注力的機會；此外，錯誤的生活習慣，也會影響專注程度。隨著閱讀本書的過程，不斷有恍然大悟的感覺，發現長期以來的種種迷思與改善機會。

本書提到的各種方法都是立即可行的小事，但請不要覺得那很簡單（在寫這篇推薦的同時，我就分神去收了信，還差點忍不住去點擊信裡的購物連結），而是需要常常自我提醒的；也很難一下子就用上所有的方法，需要逐步的調整。我自己規畫的方式是：每隔一段時間運用本書的不同建議，循序漸進。在此也推薦給希望提升工作品質與效率的朋友們。

作家、演講家　鄭匡宇

在這個資訊發達、看臉書比看書時間還多的年代，我們的確需要一些方法，能更快速的透過閱讀來攫取有用的知識。社群媒體的確是獲取訊息最快速的方式，但絕不是獲取知識和經驗最好的方法，因爲臉書上的資訊，通常都是片段的、斷章取義的，甚至是假的！我們一定要具備廣泛搜尋、判斷眞僞、提出自我觀點的能力，才不至於在訊息爆炸的洪流中迷失自我，人云亦云。閱讀，便是培養獨立思考最好的訓練。

但說到閱讀，特別是靜下心來閱讀，談何容易。除了我們已經習慣於挑動性的標題、簡短的說明、圖片與影像的示意外，不時還得面對 LINE、臉書 Messenger、微信等通訊軟體忽然跳出來的訊息對思維運作的干擾。這時，這本書便成了我們得以立於不敗之地的最佳武器。

其中，DaiGo 提出了鍛鍊專注力的兩個途徑，分別是藉由訓練增加意志力總量，以及改變日常行動或習慣，節省意志力用量，我深表認同。

首先，強大的意志力有助於提高專注力。以我自己爲例，總是不斷付出努力，偶爾也透過「幻想」來強化我想成爲「臺灣唯一能用中英日韓四國語言的主持人」目標。爲了這個目標，我一定得花功夫強化韓語，但學習難免遇到瓶頸，這時我只要閉上眼睛，想像「少女時代潤娥在我主持的記者會上，親切的叫我：Oppa！Oppa！」畫面，就會激勵我繼續專注的埋頭學習，跨越瓶頸。

而透過習慣來節省意志力的消耗，以促進專注力，更是經得起驗證的說法。任何事情，當你經過有意識的訓練成爲一種習慣後，身體及腦袋將進入「自動導航」的狀態，帶你採取行動，更加專注。我曾爲了競選大專優良學生，每天早上四點半起床，只爲了早回收人員一步到便利商店拿《自由時報》印有選票的那頁，再拿去給同學簽名，由他們寄回主辦方，以投票給我。剛開始的三天當然覺得很辛苦，但從第四天開始，我便好像著了魔，四點半一到自動起床，也不管外面有沒有下雨，就是往便利商店衝，這正是因爲我的身體已養成早起習慣，帶著我採

專注力，是我實現夢想的超能力

我要自白。

其實，以前的我是個極度無法專注、沒辦法靜下來的小孩，還讓爸媽跟爺爺擔心到懷疑我是不是學習障礙患者。

當然，讀書也一塌糊塗，在兩百多人中排倒數第四。即使某天奇蹟似的能長時間坐在書桌前，實際上卻依舊無法專心看書，看了等於沒看一樣。現在想起來，或許正因爲我不能像其他人一樣靜下心來，所以才會讓我從小學一年級開始到國中二年級，經歷長達八年被霸凌的生活。

當時那個被霸凌、成績又吊車尾的我，在某天突然下定決心要「好好讀書，改變自己」。剛開始當然不可能順利進行，即便決意「一定要讓大家認同我，一定要改變自己」，但是一坐到書桌前就是怎麼都無法專心，甚至忍不住丟下手中的筆。這種情況在一開始的時候重複了好幾回。

後來，自覺到自己專注力比其他人差，我並沒有選擇埋頭苦讀、一頭鑽進深淵裡；而是拿起心理學與腦類科學的相關書籍，開始研究要如何培養專注力的方法，那是段漫長的試誤過程……然而努力研究的結果，使我培養出超於常人的專注力，讓我不用補習，靠自學就考上了慶應義塾大學的理工學系。

現在不只一天能讀十至二十本書，還能同時擔任公司顧問、發展講座或研習事業、參與電視節目，以及主持網路節目等，能在有限的時間內做好幾件事。

現在的我，可以很有自信的說自己能比一般人更快、更有效率的讀書，而且在吸收大量知識後活用於工作上，獲得傲人成果。全都是託「專注力」的福，才能讓我實現這些成就與夢想。

專注力，極短時間內能最快學會的技巧

那些為了培養出專注力而不斷反覆嘗試的日子，對我來說並非毫無意義。

不過，現在的你恐怕跟當時的我一樣，每天被工作或學習追著跑，沒有從零開始摸索的時間；即便想要徹底研究專注力，也沒空花上好幾年時間一步一步慢慢鑽研。還好我們有許多優秀的科學家們，已經發表了許多關於專注力的研究論文。在本書裡，我會以我的實際經驗爲例，向各位介紹提升專注力的科學方法。

專注力不是與生俱來的才能，只要透過訓練，就能強化你的專注力。

運用專注力，讓一年變十三個月

假設，在你的同業裡有位比你效率更好、能在短時間內將所有工作完成、順利升職、做出更好成績的人存在……這個人跟你之間的差異，到底在哪裡？

與生俱來的才能不同？或許是如此。但是，所謂的超群天才，本來就不可能有那麼多位。或者，表面上看起來是在短時間內完成所有事，實際上背後卻付出了不少努力與時間。所以，這差異絕對與才能無關！就像小時候因注意力散漫讓老師與父母擔心的我，跟現在的我都是同一個人。

差異在於，你是否運用了發揮專注力的方法。

以前的我，被身旁所有事物分散了注意力；之後，我從完全無法專心的狀態，逐漸進步到能以目的爲導向、篩選出自己必須做的事情。光是學會「從目的篩選出要事」的這個技巧，就令我開始能控制自己的專注力。久而久之，同樣一小時裡能處理事情的「數量」也跟著升級了。

一天二十四小時，是所有人都被平等賦予的；可是，只要能隨心所欲的駕馭專注力，在這二十四小時內能做到的事，就會產生壓倒性的「差異」。能在短時間內學會更多事，或短時間內展現更優質的成果，等同於壓縮了讀書時間或工作時間；其結果，使我能在短短一天內完成相當於一般社會人士約六個月的產出量。例如，我的讀書量爲一天二十本，簡單計算下來，我已發揮常人約兩百倍的產能（一般社會人士的平均讀書量爲一個月三本）。

只要培養出專注力，無論工作或讀書都能在短時間內結束，不只能提升社會評價與成績，還能有閒暇時間充實自己的私人生活。

無論多疲倦都能發揮專注力的祕密

而且，只要學會控制專注力的技巧，無論多疲倦仍然可以維持在專注狀態。

例如在持續加班的狀態下仍值得信賴依靠的前輩或上司們，或是連日比賽還能保持在絕佳狀態的運動員們，這些即使疲累也不會影響表現的人，都是運用「自動化」及「習慣化」的方法，來維持自己的專注力。

舉例來說，明明同樣在打高爾夫球，職業選手卻不會在揮桿時思考：「該站哪裡？」「要靠左一些」等細項；他們透過無數次的反覆練習，將揮桿的標準動作內化爲自動反應。這樣一來，揮桿的動作早已成爲不需思考就能直接反應的反射動作；職業選手就利用揮桿時空下來的思緒，來思考該如何攻下這一洞，專注於戰略之中。

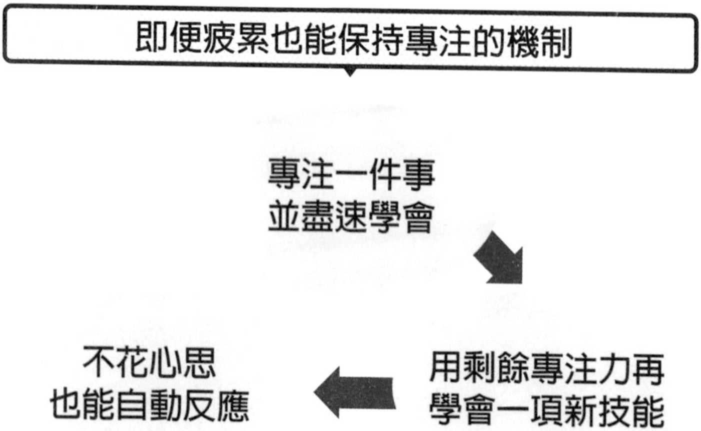
即便疲累也能保持專注的機制
專注一件事
並盡速學會
用剩餘專注力再
學會一項新技能
不花心思
也能自動反應

發揮專注力的時候，人腦的前額葉會開始活躍，一旦習慣之後，小腦即會代替前額葉來動作。這樣一來，會發生什麼事呢？前額葉的疲憊度會急遽下降，延長專注力維持的時間。另外，動作習慣化後，不需特別專注便能自動反應；從旁人眼中看來，你就是位在疲倦狀態下仍能保持專注的人。

透過習慣化，使控管專注力的前額葉能全力投入於學會新的習慣中，因此，只要學會這個機制，專注力就會越見成長。如果，你正好爲了：「明明要努力爲考試讀書準備，但因爲每天加班回到家都累到不想讀書。」「進入旺季後，就算在辦公室也無法專注！」而煩惱著，請一定要讀完這本書，必定能讓你成爲不管多疲倦都能自動專注的人。重要關鍵在於：每次專注於一個行爲裡，然後確實的使其習慣化，只需如此，就能培養出終極專注力。這關鍵通用於工作和讀書中，每天讀書十小時，或是爲了製作企畫書而熬夜，都只會降低自己的效率而已。別再責備自己「因爲懶惰才無法專心」，理解發揮專注力的機制並適當運用，即能在短時間內獲得極爲優質的成果。

古羅馬哲學家塞內卡曾說過：

「人生短暫。人類被賦予的時間，有如倏忽即逝的虹彩。

「人生短暫。讀了這本書，就無法讀那本書。

「人生只有三萬個日子。」

但是，只要學會控制專注力的技巧，時間密度就會有所改變，不管是這本書，還是那本書都能讀到。

讀完本書後，若將這些技巧運用於生活中，你一定能發現人生的密度高了好幾倍，培養出的專注力，將成爲你一生的武器，連人生都能隨心所駕馭。

CONTENTS

第3章 讓疲憊歸零的3種恢復法 143
覺得疲累的人，請從本章開始讀

第4章 自然培養出專注力的5項時間術

只要改變工作時間，就能提升表現

第 1 章

自在駕馭專注力的 3 項原則

專注力高的人，共通的行動原則

本章首先會解開限制專注力發展的三個誤解，再告訴各位發揮超越常人專注力的原則。

——「專注力取決於先天資質和耐力」是個天大謊言！

──「能力強」的人，重複運用短期專注力。

──「因為很累所以無法專注」是大腦的錯覺！

只要照著正確的科學方法來鍛鍊專注力，無論是誰都能輕易的發揮出有如專業選手或頂級運動員般的專注力。

其實「從小就因爲注意力散漫常常被罵……」「我是讀書五分鐘就想睡覺的人」等快放棄自己的人，才有更大的發展潛力。究竟，該如何培養出專注力呢？答案就在不遠處……

專注力高的人，深知鍛鍊方法

「專注力取決於先天資質和耐力」是個天大謊言！

人們對專注力的各種誤解中，最嚴重的就是「專注力＝先天資質」的刻板印象。由於這個誤會，令不少人認爲無法專注的自己總是「劣人一等」，擔心「會不會被當成懶人？」對自己感到沒自信。不過，請大家放心！你不需要這麼悲觀，也不用覺得不安。因爲有無專注力的人之間唯一的差異，在於是否了解專注力的機制，以及是否持續訓練而已。可惜，這個事實尚未普及於大眾。

當我在公司或學校演講時，一定會有人在QA時間裡詢問有關「專注力」的事。當聽眾爲社會人士時，他們會問「工作進度一直不順」「如果不加班的話，無法將今天的工作量完成，我該如何是好？」等問題。這些人之中，有許多即便到了公司也無法提起幹勁，得經過一段時間調適後才能開始工作；結果，工作不如想像中順利，只能帶回家做或是加班……由於無法善用專注力，讓他們白白浪費寶貴的人生。

另一方面，正在準備考試的學生也會問：「明知不能不讀書，但總是忍不住拿手機來看」「一打開考古題，腦袋就自動放空了」等這類眼前正深深困擾他們的煩惱。

我非常了解各位的心情，因爲我小時候也無法專注，還曾被認爲「是不是學習障礙」，甚至無法乖乖坐在椅子上。但是，就連這樣的我現在都能自在的駕馭專注力，甚至每天閱讀十至二十本書，這都是因爲研究了方法論，並實踐至今的緣故。

其實，專注力是「培養」出來的，跟遺傳和個性無關，也不需要才能或耐力。與其依賴那些無法捉摸的因素，不如好好學會正確理論，訓練自己。這樣一來，無論是誰都能隨心所欲的駕馭專注力。

專注力來自前額葉的意志力

在培養專注力之前，要先了解一件事：關於「專注力的來源」！

專注力的來源位於額頭內約二至三公分裡的前額葉。人腦和其他動物的腦之間最大的不同，在於前額葉的大小。前額葉被認爲是「讓人類像個人類，是負責思考與創造力的大腦裡，最高階中心所在」。人類在演化過程中，前額葉變得越來越大，使我們開始擁有其他動物沒有的能力，即是控制思考和情緒的能力，我們將這種能力稱爲「意志力」。

意志力對前額葉來說，是像體力一般的存在。爲了讓大家更容易理解，請回想一下電玩遊戲裡的體力和魔力。遭受敵人攻擊時體力會減少；使用魔法時，魔力會減少。和上述情況相同，意志力的總量也是有限的，每當使用專注力時，便會慢慢消耗意志力。

順帶一提，在遊戲中使用藥草或魔法就能恢復體力，睡覺會恢復魔力，意志力也跟這設定一樣，睡得好、多吃充滿能量的食物，就能恢復意志力（詳細內容將在第 2 章介紹）。

被誤解的專注力機制

意志力有兩種特徵：

- **意志力的總量有限，只要運用專注力就會逐漸減少。**
- **意志力來源只有一處。**

特別重要的是第二項：「意志力來源只有一處」。我們總把工作、減重、運動，以及和家人間交流等行動分開來看。例如工作不順和減重能不能持續下去無關；就算跟家人不和，只要到了公司就能轉換心情；投入運動當中重新找回活力的行爲，跟工作效率無關……追根究柢後會發現，這種思考方式來自於我們以爲用在工作、私人生活等層面的意志力皆不同。

實際上，「製作企畫書」和「忍著不吃巧克力點心」，看似毫無關聯的兩種行爲，使用的意志力來源是相同的。

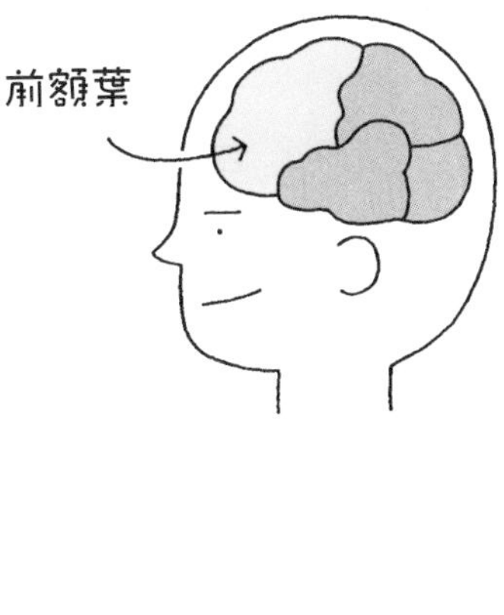

因此，「工作不順，所以無法持續減重」「跟家人吵架，所以無法專心工作」都是很自然的。因爲消耗太多意志力，大腦已進入休息狀態了。

鍛鍊專注力的兩種途徑

或許你會開始懷疑「我眞的能自己鍛鍊意志力嗎？」但是，提升意志力的訓練極其簡單，依據不同目的，分爲兩種做法：一種是藉由訓練增加意志力總量，另一種是改變日常行動或習慣，節省意志力用量。這兩個做法，即爲最有效率的專注力鍛鍊法。接下來，先跟各位介紹增加意志力的訓練方法。

就像有人天生肌力很強，有人卻不然，每個人天生擁有的意志力總量本來就不甚相同。不過，既然肌力弱的人能透過鍛鍊肌肉來提升肌力，意志力當然也能藉由訓練增加。雖然訓練方法繁多，在這本書裡，只解說我精挑細選後，確實能立即實行並馬上出現效果的方法。

舉例來說，美國社會心理學家羅伊·鮑梅斯特爲了找尋出強化意志力的有

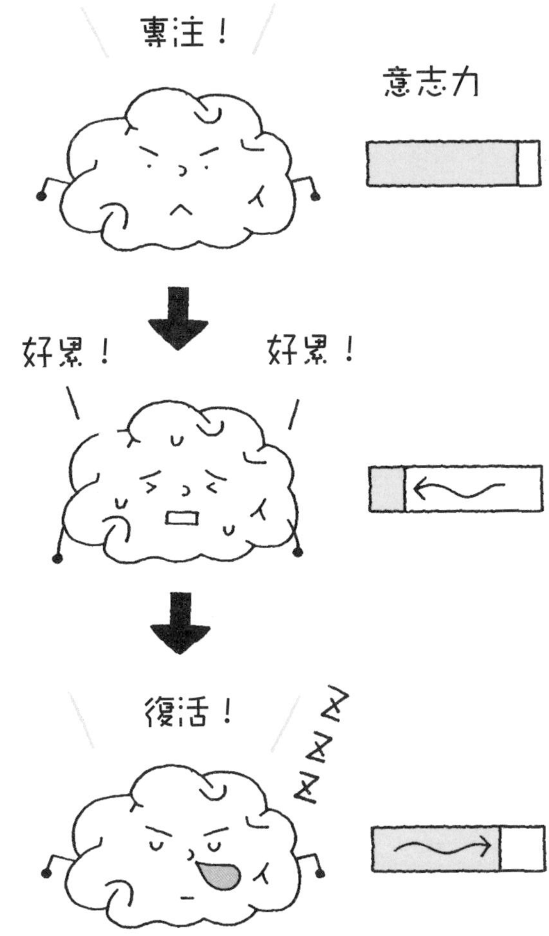
專注！
意志力
好累！
好累！
復活！
ZZZ

效方法，進行了以下實驗。

鮑梅斯特博士召集學生們，並將他們分爲三組。

第一組必須「在兩週內不論坐著或站著，都要時時注意自己的姿勢。」學生照著老師的指示，在兩週內隨時注意自己是否挺直背部不駝背。

第二組則是「在兩週內，記錄所有吃的食物。」不僅三餐，學生們連讀書時吃的點心，或是深夜看電視時吃的洋芋片都詳實的記錄下來了。

第三組被指派「在兩週內，保持樂觀或正向情緒。」學生們在這兩週中，一直謹守著情緒低落時也要保持正向思考的原

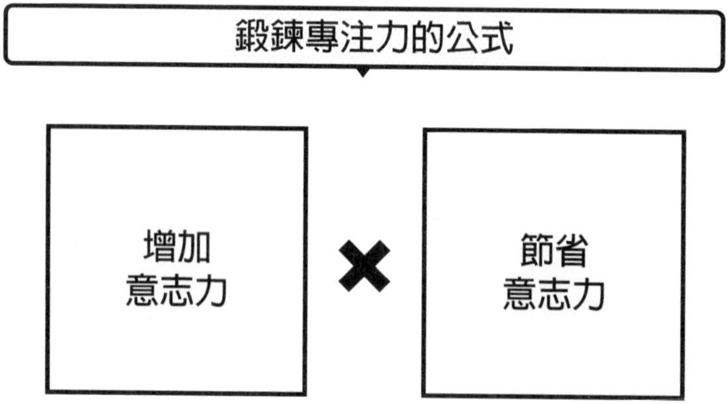

則。

兩週過後，學生們再度聚集，並在研究室裡接受了共同試驗。他們被要求在播放著搞笑節目的電視旁，默默做著無聊的單調作業。

你覺得在這三組中，哪一組成功強化了意志力？

為何注意姿勢就能提升專注力？

憑「專注力」這個詞字面上給人的印象，或許會認爲「記錄食物」的第二組，強化程度最高。可是，試驗結果中表現最佳的卻是「時時注意姿勢」的第一組。究竟爲何會出現這種結果呢？是因爲日常生活裡爲了「改變」無意識行爲，需要大量的專注力。

「保持姿勢」這個行爲，平常是很少會去意識到的。當自己察覺到時，才發現自己正駝背著，或是用手撐著頭、翹腳等。不過，透過「兩週內注意姿勢來過生活」的做法，會讓人開始強烈意識到這些無意識行爲。

只要一駝背即會感覺不對，立刻抬頭挺胸；一察覺到自己用手撐頭，馬上把腰桿挺直；發現自己翹腳坐著，立即重新坐正。光看文字，感覺這些行爲都很簡單，但實際試做後會發現：意外的需要大量專注力！

若要打個比方，就像用很重的啞鈴來訓練肌肉一樣。意識到這些無意識行爲後，越重複修正這些動作，越能鍛鍊意志力。這情況被稱爲「自我監控」，自己客觀的觀察自己的行爲，接著自我評斷「是否順利進行」，然後藉由評價後產生的成就感或反省來強化該行爲。

只要進行觀察自己無意識行爲的訓練，無論是誰都能增加意志力總量，無關天生資質或個性。

順帶一提，訓練方法除了「姿勢」外，還有很多方式。例如：改變慣用手來刷牙、開門或操作滑鼠等，僅僅改變平常沒特別意識到的行動，也能得到相同效果，詳細內容將在第２章介紹。

潛藏於生活中的分散陷阱

接著，要和大家說明，有關「使耗費專注力的作業習慣化，來節省意志力用量」的方法。在進入主題前，請各位先想像一下自己認為在「使用專注力」的各種情況……

- 在書桌前很努力讀書的樣子。
- 敲打著鍵盤，用電腦寫企畫書的模樣。
- 手拿撞球桿，思考該如何下桿的情況。
- 注意手部動作，專心編織東西的時候。

通常被認為在專注的時候，幾乎都是「在規畫什麼，正在做什麼」。的確，這些動作都用到了專注力，也會消耗意志力；不過，以下這些情況又如何呢？

其實，人不管在哪種情況下，都會用到專注力，像這樣「忍耐」或「期待」的時候，也會消耗意志力。前額葉裡有塊負責下決定，或是下「要做什麼」「不做什麼」「期待什麼」等選擇的區域，當我們透過這區域選擇或下決定時，無

讀書時，發現自己無法專心，所以拍拍臉頰。

雖然很想吃甜點，但是正在減重中，所以忍著不吃。

參加講座時，想像三年後自己想做的事。

被另一半碎念，很想回嘴卻做不到。

論這決定多麼微不足道，大腦都會用到專注力，意志力也會因此減少。

這種持續累積疲勞的狀況，和用肌肉來進行的簡單作業相似。我們只要反覆提起重物好幾次，身體即會累到無法動彈；和這狀態相同，每當我們投入某件事中，或抗拒誘惑、思考未來目標或明天預定計畫時，就會消耗意志力，陷入無法發揮專注力的狀態。

爲避免這種狀況發生，必須藉由「習慣化」來節省意志力用量。

感到「疲倦」的真相——選擇太多

有關人們做決定時的過程，哥倫比亞大學的希娜．艾恩嘉教授在著作《選擇的科學》中，曾介紹過以下這個有趣的實驗。

艾恩嘉教授與其他教授一起在超市的試吃攤位裡，設計了「可試吃的二十四種果醬及可試吃的六種果醬」兩種情況，藉以觀察銷售差異。結果，當選擇種類較豐富時，聚集在攤位前的試吃人數較多。單看結果，能得知：選擇品項較多，可吸引到較多的人；但是，調查購買果醬人數的比例之後，結果卻完全逆轉了！

這個實驗結果影響到商業界的市場行銷策略，現在「提供精簡選項比提供多樣選項更容易得到好結果」的觀念已成爲普遍認知。

過多的選項會浪費意志力，最後，讓人無法下決定。

美國的研究報告指出，現代人在一日之中平均下了七十次決定或決斷。起床後，要決定早餐的內容、穿搭、通勤路線、進公司後首先執行的工作內容，還得考慮要不要接這通電話、是否需要立刻回信，或是開會時發言與否等。

在日常生活中，每當我們下「要做什麼」「不做什麼」「想要什麼」之類的種種決定時，就會消耗意志力。即使早上還幹勁十足，但度過午休直到夕陽西下，整個人變得筋疲力盡也是理所當然的。

當意志力消耗到一定程度後，會發生什麼事呢？就像上述的果醬實驗結果般，人會自動將事情「延後」處理。不過，如果那件事是一定得下決定的小事，

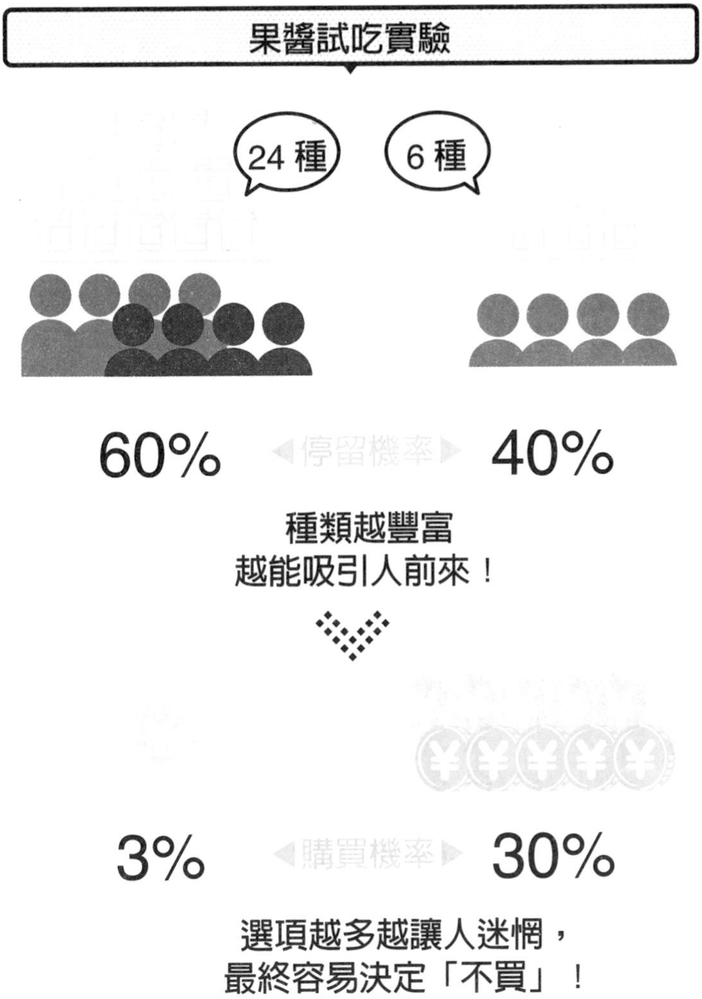
果醬試吃實驗
24 種
6 種
60%
停留機率
40%
種類越豐富
越能吸引人前來！
3%
購買機率
30%
選項越多越讓人迷惘，
最終容易決定「不買」！

就算大腦將它判斷爲「保持不變」「延後處理」的事，人也會無意識的持續把這件事放在心上。

這種狀態稱爲「決策疲勞」，意指延後下決定的時間，消耗意志力的現象。總之，讓人疲累的並非行動，而是「選擇」。

疲倦的時候會產生想延後處理的情況，是因爲下決定時所需要的意志力已經不夠了，所以只好延後。當然，這時候的意志力早已消耗殆盡。不可思議的是，即便我們將事情往後延，依舊會消耗意志力。常聽說：「現在不做，之後會越來越不想做！」可是一語道破了這個事實。

另外，會耗費專注力的還有：「得寄信給這個人」「要記得買這個」等零碎小事。「這件事不做不行……還是等下再做好了！」「這件事先保留……」從我們決定延後做事開始，意志力就一直在消耗中。

所以，無論是什麼決定，都最好當機立斷，最好讓自己成爲能立刻下決定的人。

解決這種瑣事的各種對策中，「整批處理」是最有效的一種。

試試看

整批處理

日常瑣事最好找個特定時間來整理，例如一天快結束的時候。關鍵在於統整後一次解決所有事，這點是最重要的。

只需事先準備大張一點的便利貼，當在工作或讀書時，如果想到什麼一定要處理的雜事，就寫在便利貼上，然後不再去想它。工作結束後，再一口氣統整、解決。

除了便利貼外，也可利用筆記本或手機裡的備忘錄、錄音功能來進行。當然，若是一分鐘之內可以解決的事，就立刻去處理，但處於專注狀態時，還是建議盡量避免去處理這些雜事，較能讓專注狀態持續更久。另外，為避免讓這些雜事留到隔天再處理，統整後一次解決的「整批處理」就變得格外重要。

因此，在開會或討論的時候，要避免「我們改天再來表決……」等將決策延後的情形發生，不然只會一直消耗意志力。

這時候所需的「立刻下決斷」方法，將會在第 2 章的「習慣」裡詳細說明。

注意力該放在哪裡？

有人每天被日常瑣事追著跑、一直消耗自己意志力；也有人一整天都能保持意志力。其實，他們之間的差異在於「是否節省使用意志力」上。

究竟，要怎麼做才能節省意志力呢？

節省意志力的方法，就是之前提過的「習慣化」。他們藉由習慣化，讓行動變成固定習慣，如此一來，即使不用意志力，也可以進入專注狀態中。例如，只要學會騎腳踏車的方法，無論是誰都能順利騎車。這時候，我們用的並非前額葉，而是小腦。換句話說，每當我們騎腳踏車時，如果都在騎車前幫自己加油打氣，思考著「要先踩右腳或左腳」等細項的話，會自然的專注在每一個騎車的動作上；不過，若這些動作都在不自覺間自動進行的話，幾乎不會消耗到任何意志力。

那些整天都能保持專注的人，幾乎是在不消耗意志力的情況下維持專注，節省下來的意志力則用來使更多重要的事情習慣化。

另一方面，煩惱自己無法專注的人，通常是每次都認眞面對眼前作業的人，這時候會大量消耗意志力，短時間內所有意志力即用罄，總是無法有效運用意志力，才讓自己一直無法專注。結果，無論眼前的作業做再多次，都無法使其習慣化，也讓自己陷入「一次只能處理一件事」的狀態。

想要擺脫這惡性循環，需要隨時提醒自己將專注力用在「讓大腦學會新習慣」上，一件一件慢慢學會那些不消耗意志力也能處理的事情；透過一邊節省

結論

要提高專注力，只有兩種方法：
①增加意志力。
②節省意志力。

原則 2

專注力高的人，其實專注時間並不長

「能力強」的人，重複運用短期專注力。

深信「專注力＝一直持續的狀態」是大家對於專注力常有的第二個誤解。專注力越高的人能長時間持續專注狀態……看起來如此，但事實上並不然。

人類的腦從一開始就被設計成無法持續專注的機制，因爲，人類在遠古時期的野生生活習慣，至今化作「本能」留存在我們身上。假設我們還是在大草原求生存的草食動物，你認爲專注對我們是好是壞呢？

如果，我們被綠洲豐沛的水源或剛生出新芽的嫩草所吸引，專注於進食的話，何時被肉食動物攻擊都不奇怪。在大自然當中，不專注的生物較能生存，因爲隨時都能注意到各個角度，避免自己陷入危險中。

換句話說，這段隨時都可能面臨危險的生活記憶，至今仍在分散人類的專注力。而且，之前提過：「意志力會在專注、判斷、下決斷時越來越少」，所以人類無法長時間持續專注狀態。

究竟專注力一次可以維持多久呢？

最新研究顯示，徹底鍛鍊過專注力的人可一次維持「一百二十分鐘」。無論大人或小孩，一般人坐在椅子上，以同樣姿勢專注於一項行爲的時間，再怎麼長也只有三十分鐘。在這過程中，專注力會在讀書等行爲開始後逐漸攀升，過了高峰後即一下子下降，因爲專注力原本就不是可持續維持的。

乍看之下，越是能持續專注的人，越會在專注過程中抽空休息，並在短時間內回到專注狀態中。因爲專注時間短，所以不會累；因爲不會累，所以可以繼續專注下去。因此，在我的演講裡常被家長們問到：「我的小孩都定不下來」「還以爲他在讀書，結果他立刻就不讀了」等煩惱，其實都是孩子們十分健全的證據！

在厭煩前停止，並分段統整時間

在理解了「專注力無法長久持續」後，有個能有效率利用專注時間的方法——重新將時間分配成各小段，在自己覺得「還想多做一點！」「還可以多做一點吧？」的時候，暫停手中的工作或讀書狀態。中斷作業可帶來以下三個好處：

- **在意志力耗盡前暫停作業，可減少疲勞累積。**
- **時間分段明確，例如：每十五或三十分鐘暫停一次，可方便時間管理。**
- **心裡留下只做到一半的不安，讓自己「想快點完成後續」。**

尤其最後一項好處的影響最大。刻意讓自己休息，能使自己在休息時間內仍一心想著「還想多做一點」，維持做事動力。這樣一來，重新開始工作或讀書時，不僅能立刻進入專注狀態，還能持續維持下去。

越想加快工作或讀書的速度，越應該巧妙的引出自己想繼續進行的心情。試著引出「還想多做一點」「再多做一個就好」的心情，讓自己的表現越見完美吧！

每次提到這個概念時，有些人會特別對「休息」感到排斥或罪惡感。但是，請各位放心，現代科學已經解開，即使我們中斷作業並離開工作現場，大腦還是會持續處理剛剛的作業內容。詳細情形將在接下來的「原則 3」中說明。其實，很多棘手的工作正因爲我們借用了「無意識的力量」，才得以找出解決的關鍵。

另外，分配時間帶來的好處除了剛剛提到的三點，還有很多好處等著大家體會。因此，習慣「努力做到某個段落再暫停工作」的人，請立刻停止這種做法；因爲再怎麼鍛鍊意志力，也無法讓專注力的持續時間無限延長。有關運用時間讓自己更有效率專注的方法，將在第 4 章中仔細介紹。

本來還想
多做一點
的……
耶？
已經這個時間了？！
15:00

為什麼總會超過預定時間呢？

會使人誤會專注力能一直持續下去的原因，在於它和時間一樣，都是肉眼看不見的。人們對於看不見的存在，會抱有「無窮無盡」的印象，正因如此，才讓人無法好好利用專注力。

舉例來說，上午判斷「應該可以做完這部分」的工作進度卻直到下班前都還沒達到目標，不得已只好加班；或是一直往後延的讀書進度，甚至思考著要「熬夜念書」，卻沒想到考試前晚自己完全無法專心，結果當然考不好……不管是誰，應該都有過一兩次這種經驗吧。

這種心態並非直到現代才出現。英國歷史學家帕金森在一九五〇年代的「帕金森定律」中指出：「所謂工作，會因爲了完成作業而分配的時間，越變越複雜。」人們一旦誤會自己「時間充足」，即會衍生出許多「選擇」來處理眼前的工作，接著嘗試各種錯誤方法；嘗試各種可能性當然不是件壞事，不過從專注力角度來看，這麼做只會產生更多不良影響罷了。

像是完成度只需六十分就可交差的工作硬是要做到一百分，後來趕不上交件日期；或是在追求完美的過程裡感到疲倦，結果反而讓整體品質下降。會造成此狀況的主要原因在於：當選項增加時，人會因爲自己能下決定的機會變多而「煩惱」，意志力也因此逐漸流失。

著手的時間越短，越能提早結束

所以，當我們越覺得「好像可以做到這件事……那件事似乎也可以……」就會越無法專注在重點上，失敗的可能性也越高。帕金森爲了避免該狀況發生，曾提出一個非常簡單的對策——「微分工作或讀書的時間」。先前提到的焦慮效果，也曾推薦大家要將時間「分配成每十五分鐘或每三十分鐘爲一段」。這樣一來，即可自然的篩選出自己能做到的範圍了。

分配時間的方法，就像訂下「準時回家」的任務之後，開始意識到自己在這段時間內一定要解決的最少工作量和處理時間，同時想法也會跟著改變。換句話說，只要決定了要處理的事項及處理時間後，自然會淘汰多餘選項；結果，這過程減少意志力浪費，並增加專注力。這麼一來，不管是工作或讀書，都能在短時間內得到好成果。

處於專注狀態下進行的工作或讀書，即便花費的時間相同，也能產出更優質的成果，或者提高專注力，讓處理速度提升至兩、三倍後，就有可能將處理時間壓縮到只需二分之一或三分之一。

俗話說：「越重要的事越要交給大忙人」，是因為越忙的人越了解活用專注力做事時的節奏；也因為早已習慣專注做事的狀態，所以在固定時間內能完成的作業量是一般人的兩、三倍。這情況可寫成這樣的公式：「工作能力＝專注力×時間」。

這項能力並非與生俱來的才能，而是能透過努力、習慣化和環境變化來養成的。比方說「職業媽媽、爸爸」運用時間的方式會比以前更有效率，這是因為自己會自然的分配時間，早上帶孩子到學校前會先把該做的家事完成，因為晚上無法加班，所以只能提升工作效率將工作完成。結果，不知不覺中已掌握了活用專注力的節奏。

打開筆記本就會分散專注力

在固定時間內分配工作及讀書的節奏，即使做到一半也要停止作業，充分休息後再重新作業……這就是有效運用專注狀態的方法。讓這方法成功實踐的關鍵在於：能否從短暫休息後快速進入工作或讀書狀態。為了做到這點，活用「環境」作為強迫自己的手段是非常有用的。

舉例來說，在我工作房裡的桌上，只放著打開的筆記本、書，還有筆和桌巾而已，其它的物品我幾乎不會放在這房間裡，或是刻意不讓自己擁有太多東西。在永遠開著的筆記本裡，寫著我中斷作業時的原稿或筆記，一旁放著跟這筆記有關的書，還有隨時能寫字的筆。鋪在桌上的桌巾是我為了再次感受學習樂趣，到訪牛津大學時買的，只要看到這桌巾，就會激起我坐定在書桌前的心情。

這就是我個人專用的專注「環境」。

要打造出屬於自己的專注環境時，重點在於能輕鬆驅使自己採取行動。具體而言，就是減少選項或物品，避免猶豫不決搶走自己的專注力。

我總是開著筆記本的原因，是因爲光「打開筆記本」這個動作，就會消耗我們的意志力；這件事已在明尼蘇達大學和佛羅里達州立大學的研究中揭露。藉由絕對拼不出來的拼圖，來觀察「下決定」後著手進行和「沒下決定」後著手進行的兩組……他們將受試者分成：「可選擇要拼哪個拼圖」與直接被指定「請拼這個拼圖」兩組，結果前者平均拼了九分鐘，後者拼了十二分三十秒後宣告放棄。

換句話說，在沒下決定就直接進行作業的情況下，耐心處理的時間較長。不管下的決定有多小，只要在下決定後進行，就會縮短自己專注的時間。相反的，下決定的次數越少，越能獲得較爲滿意的成果。因此，當自己從休息狀態回到讀書或工作狀態時，不需要特別幫自己加油打氣，只要幫自己營造出「一握到筆就能自動進入狀況」的環境，專注力即可持續下去。

欲充分休息，最重要的是讓自己轉移注意力，完全抽離工作狀態。雖然具體的休息方式會在第 3 章中仔細解說，不過像離開工作環境到其他場所散步、短暫補眠或閉著眼睛靜坐等，都是能轉移注意力並短暫休息的好方法。

\ 結論 /

短時間的專注，能促成最好的成果！
「判斷」或「猶豫」越少，越能提高專注力。

原則 3

專注力高的人，用腦來控管「疲倦」

「因為很累所以無法專注」是大腦的錯覺！

不管工作或讀書時，都會慢慢的失去幹勁，覺得自己「好累喔！」接著無法專注下去……我想大家應該都有過這種經驗；也常聽到「提不起動力或動力沒了」這種似曾相識的藉口。不過，現在已得知疲倦、幹勁、動力都是非常主觀的，而且不會自己提升或下降。

心理學家馬克．穆拉文和其他學者曾進行過有關「大腦感到疲倦」和「動力低落」的研究。他們表示：幹勁和動力低落，與大腦感到疲倦之間的關係，並不像身體一樣，會因爲疲勞物質累積導致肌肉動作變緩。簡單來說，大腦會感到疲倦，只是自己一廂情願，幹勁和動力低落也是相當主觀的感受。換句話說，「因爲太累所以無法專注」只是個錯覺！只要了解大腦機制，就能擺脫疲倦，重新找回幹勁和專注力。

頂尖運動選手鍛鍊的其實是「腦」

最近以運動選手爲對象的研究結果中也發現了相同的現象。這個研究主要在找出「大腦感到疲倦的狀態爲何？」例如：受試者覺得「已經跑不下去了」「啞鈴舉不起來了」的時候，調查他們肌肉中累積的乳酸值，通常乳酸值用來了解人體極限在哪。但意外的是，實驗中調查出的乳酸值都並未到達人體眞正的極限範圍，反而所有數値都落在實驗者「還不覺得累」的範圍裡。

究竟，運動選手們爲何會覺得到極限了呢？其實，是因爲大腦基於自衛本能，擅自判斷自己到了「極限」，接著狂踩煞車。

當然，如果任憑身體踩煞車的話，運動選手的運動能力完全不會提升。

所以，教練們都會協助管理選手的狀態，讓他們能超越大腦所謂的極限。管理方法是透過高負荷訓練，像是在高山訓練或低氧環境下訓練；藉由刻意超過大腦界定的負荷範圍，提高大腦產生「疲倦錯覺」的標準。這種手法在心理學中，屬於暗示的一種。

因爲非常努力過，下次才能再超越自己的極限；因爲接受了多次充分訓練，所以在比賽時才能有好表現；就算再累，仍有再繼續努力一下的力量……只要這樣告訴自己，大腦即會放鬆煞車，解開「疲倦」的束縛，讓自己發揮原有的力量。

「促發效果」影響想法

這種思考方式也能應用在鍛鍊專注力的方法上。曾獲諾貝爾經濟學獎的心理學家康納曼，在他的著作《快思慢想》裡介紹過「促發效果」，後來還因此廣爲人知。這理論說明：人的行動會依據想法而改變。

日本人在小時候流行的遊戲裡，有一種請對方連講十次「披薩」（Pizza）後，指著「手肘」（Hiji）請對方說出該部位的名稱時，對方會不小心說成「膝蓋」（Hiza）的遊戲。這遊戲也屬於促發效果的一例，事先讓對方留下某個印象後，即使對方知道答案也會不小心答錯。

或是讓受試者看「獅子、大象、長頸鹿」等單字，再問他們：「說出速度很快的東西」，對方幾乎都會回答「獵豹」「馬」之類的答案。實際上，明明「光」「高鐵」「戰鬥機」等都比牠們快上許多，但受試者已不自覺的將答案範圍限定在「動物」中。

這類型的促發效果，會受到來自外界的情報影響自動啓動，接著影響之

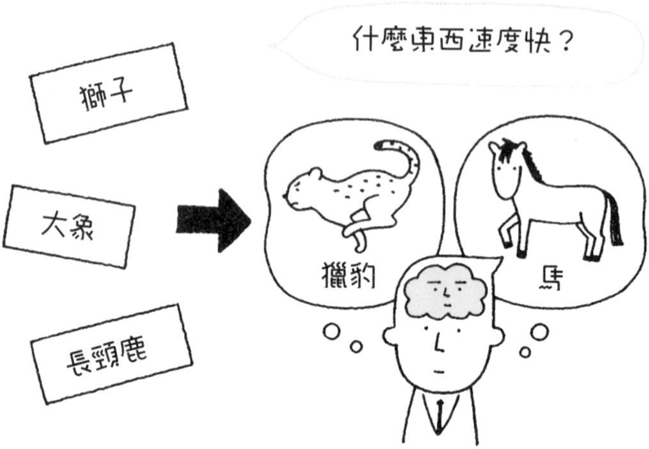

後的選擇或想法。

即使在更為複雜的實驗中，仍能驗證促發效果理論。

這個實驗請紐約大學學生從「他」「知道」「那個」「黃色」「立刻」五個單字組合裡挑出四個來造句，像是「他立刻知道那是黃色的」。這時候，他們在某個實驗組的單字組裡，刻意放了如「容易忘記」「禿頭」「皺紋」「佛羅里達」（美國知名養老地）等，會讓人聯想到高齡者的單字。接著，在造句測驗後，向學生表示：「要進行其他測驗」，並請他們移動到其他場所，趁這時候記錄他們的移動時間。

結果，測驗單字組裡有單字和「高齡者」相關的那個實驗組，走路速度比其他對照組還慢。

明明沒有直接放入「高齡者」或「老人」等單字，但高齡者這個概念已透過相關單字讓他們有了既定印象，進而影響到行動，使他們走路速度變慢。

這實驗還有後續發展。在用單字造句測驗開始前，請學生先移動到其他房間裡時，特別請某組用「平常三分之一的速度移動」。

結果，速度放慢的這組對於「高齡者」相關單字的認知速度比其他組還來得快。另外，有其他相似的實驗發現，讓學生留下「大學教授」的相關印象後，該學生的考試成績因此提升的結果。

運用促發效果讓自己提早行動

這種暗示能給予大腦非常強大的力量，像是每天接觸太多負面新聞的話，

心情也會跟著變差。

不過，只要刻意活用這現象，就能提升專注力。方法就是：讓自己覺得「已經學會如何保持專注力」，並記錄自己出現這想法的環境與時間。

「自己是否有意識到」會大大影響行動結果。實際上，在各種實驗中都證明了：光是記錄就能改變行動的現象。

例如，有個以客房清潔員為實驗對象的實驗。

研究人員將他們分爲兩組，發了客房清潔工作熱量消耗表給其中一組，另一組則什麼都沒有；接著請拿到熱量表的實驗組，在經過一整天工作後記錄自己「透過工作消耗了多少熱量」。

在給予指令後，請兩組照常上班工作。結果，明明做的事情都相同，但拿到熱量表並開始在意自己熱量的實驗組，跟對照組之間的健康狀況出現了明顯差異。拿著熱量表記錄熱量消耗的實驗組，不僅體脂肪率下降，就連血液狀況都變佳，身體年齡也變年輕了。另一方面，對照組的健康狀況沒有任何特殊改變。

光是讓自己意識到健康狀況，而非只是單純作業，就能令身體狀況發生變化。從這個實驗可得知，根據我們意識到的地方不同，即使在相同時間做著同樣的事，獲得的成果也會隨之改變。

以專注力來說，當自己反覆記錄在何時、何種環境下能專注，即能以促發效果開始暗示大腦，只要到了該環境或該時段，就會自然的進入專注狀態。

常聽到「不要喊累」的教誨，其實這句話意外的有科學根據呢！專注力高的人，會對自己能專注的環境有所堅持，連接收到的情報、物品、單字、語句，都會經過篩選後再吸收。

結論

隱藏在「無意識」動作裡的力量無限大！
請打破妨礙專注的「疲倦幻想」！

第 2 章

培養出超高專注力的 7 大引擎

以超高速讓自己變成「能立刻投入」的人

第 1 章曾介紹過從前保護人類遠離天敵威脅的「野性的記憶」，現在卻變成妨礙我們維持專注狀態的小插曲。相對於這個與生俱來的本能，我們也具備與其作用相反的能力。這項能力，就是將在本章解說的七個啓動專注力的引擎。

若能巧妙的分開使用這些引擎，則可藉由潛藏在你體內的能力，自在的發揮專注力。請各位一邊想著第 1 章提過的「增加意志力」及「節省意志力」，一邊往下讀。

駕馭專注力的 7 大引擎

引擎 1

環境

打造出身處其中即
可專注的環境。

請各位先思考一個問題：「如果你要在書桌上放筆筒，會選擇哪種顏色的筆筒？」

①紅色

②水藍色

③黃色

當然，也可以回答自己喜歡的顏色。

不過，如果要在讀書用的書桌上放物品的話，水藍色是最佳選擇。因爲，水藍色被認爲具有「提高專注力，縮短時間感」的效果。當我們坐在書桌前時，只要水藍色出現在視野中，就能輕鬆進入專注狀態。而且還讓人產生：經過一小時卻感覺只經過四五分鐘一樣的錯覺，令人會更有動力繼續努力下去。

換句話說，水藍色是最適合讀書學習的顏色。

這種顏色影響心理的現象，已被統整成名爲「色彩心理學」的理論。例如，紅色容易勾起競爭意識；黃色會提高注意力；綠色有放鬆效果。所以，在桌上放紅色筆筒時，專注效果最差，而且紅色帶來的心理影響會造成思考力低下。透過紅色獲得好成果的，僅限運動及戀愛。

相反的，在許多地方都能發現提升專注力的水藍色，例如：棒球手套（爲了讓投手能專注）、田徑跑道（以前是紅色爲主，現在不少都已改爲藍色）等，在許多運動項目裡都能看到水藍色。

雖然我們總是無意識的被顏色影響著，不過換個角度思考，只要能事先了解各種色彩效果，即可運用色彩誘導自己往「夢想的康莊大道」前進。

現在並非只單純討論色彩對我們的影響。只要你想專注工作，不管是在辦公室、家裡或是外面，都應該在自己身處的環境裡配置「啓動專注力的引擎」。前面討論的水藍色筆筒只是其中一個例子，以下將介紹今天立刻能著手打造、可啓動專注力的「環境」。

你手中的智慧型手機，正在奪取你的專注力

讀書或工作時，身處的環境容不容易專注，是足以左右最終結果的重要關鍵。比方說桌上雜亂無章，不管是資料或書本都散落一桌，無法馬上找出需要的資料文件；書桌四周若一樣零亂的話，人會被迫陸續處理各種瑣事（找東西），不僅消耗重要的意志力，也無法好好坐在書桌前。

人在剛開始專注的時候，消耗最多意志力。所以當自己決心要開始時，幾乎沒有什麼障礙能阻擋你。

但是，假設你打算現在開始打字，才剛坐在電腦前，手機簡訊鈴聲或電話鈴聲就突然響起，手機的通知燈開始閃爍；察覺到那聲音或光的你，光是將視線轉移到手機上，就足以讓好不容易啓動的專注引擎瞬間停止下來。

環境對專注力的影響，比我們想像的還深遠。

因此，爲了打造出促發專注力的「環境」，要請各位重新檢視：書桌四周及作業空間裡，是否放著手機？還有，記得要整理乾淨。

關於手機，請盡量關機或避免帶入專注的環境裡，因爲有實驗結果顯示，即便只是將手機放在桌上，都足以降低我們的專注力。但是，對現代人來說，應該很難徹底遠離手機吧！

以我的情況來說，我都是將手機設定爲震動或靜音，然後放進抽屜裡；或是放在桌子下及背後的矮櫃等不容易注意到的地方，也是不錯的選擇。接著，配合每次專注循環的節奏，在中間休息時確認未接來電、簡訊、電子郵件等。另外，「專注循環」是指第 4 章的「時間術 3——超晝夜節奏」中推薦的「專注九十分，休息二十分」循環。

除非正好有急著交出的案件，不然照著這循環節奏來確認來電簡訊等，都不會出現太大的問題。請「斷捨離」所有會轉移注意力的物品，包含手機！這是打造啓動專注力「環境」的基本原則。

東西越少，越能提升自我控制力

同樣的，房間裡放置的物品及排列方法都非常重要，是讓房間成爲專注力引擎或煞車的關鍵。正如人們所說的：髒亂的房間和書桌都會奪取專注力。

這個現象可由心理學實驗來證明。實驗裡分成在髒亂房間裡工作的A組，和在整齊房間內工作的B組。請兩組在同樣時間內著手同樣的作業內容後，接受「測試自己能否自制」的測驗。結果，和B組相比，A組明顯容易分心，失去幹勁。

會出現這種結果，是因爲：當我們走在房間時，若遇到某項障礙，掌控不安或恐懼情緒的大腦杏仁核會有所反應；光是室友在客廳的地上放了某樣物品，都會引起自己的警戒心，讓注意力轉移到該物品上。

所以說，桌上或家裡若無法保持整潔，讀書或工作時的專注力即會下降，同時影響到自制力，變得容易跟家人吵架等。請隨時保持房間或書桌整潔，因爲「打掃」也是一種啓動專注力的開關，盡可能將打掃周邊環境變成一種「習慣」。

以環境和條件誘導自己

我在學生時期曾到一位覺得自己「無法一直讀書」「在家就會變懶」的朋友家玩，一進他的房間，我就察覺到他「無法專注的理由」。當然，房間亂是一回事，可是若在整齊的房間裡放有讓人不禁放鬆或轉移注意力的物品的話，也會讓人無法專注。

比方說，在朝向電視的地方，放上一張舒服的沙發，然後前面擺著一張矮桌。想讀書時就坐在地板上，打開電腦並埋首資料和筆記中……我能斷言，這種環境下是絕對無法專心的。因爲，這個房間是爲了讓人坐在沙發上放鬆看電視所打造出的空間，坐在這裡，一定能非常投入於電視劇或電影的劇情之中吧。

可是，在這裡讀書的話，爲讀書準備的專注引擎會在暖機時遇到阻礙，立刻熄火；所以，有不少社會人士讓自己的房間維持在學生時期的狀態。請釐清對自己而言最重視的目標爲何，並以實現該目標爲目的來布置房間吧！

順帶一提，我的書房和工作房裡只有桌子和書，盡量不放與工作和讀書無關的物品。這種「空無一物」會變成一股「強制力」，令自己只能專注在房間裡能著手的作業中。

某位心理學家曾以日薪十萬日圓的高薪聘請受試者，進行在空無一物的房間裡不做任何事的實驗。實驗過程中會提供三餐，受試者或坐或臥都無所謂，但是，絕對不能把書之類的任何物品帶進房間裡。

有不少人前來應徵，包括爲了籌措旅費的學生等；不過，能熬過一天的人少之又少，更沒有一位能熬過三天。放棄的受試者們都表示：「受不了自己什麼都不做」，甚至有人因此生病。

換個角度來看，打造出除了想專注的目標之外幾乎「空無一物」的環境，自然可以提高專注力，讓自己投入讀書或工作中。

在咖啡廳比在家更能專心，也是因爲自己身處於「除了自己帶來的作業外，什麼都無法做」的環境中。如果爲了專心讀書跑到咖啡廳，然後將手機放在桌上的話，就會打斷專注的節奏；因爲上網、社群網站、電子郵件通知等，都是在我們身邊奪走專注力的陷阱，這種陷阱並不少，對想要專注的人來說，生在這個時代或許是個不幸。

我們若要利用人類受不了「自己什麼都不做」的天性，一定要排除所有打發時間用的物品。配合目的打造最佳房間，會成爲活用人類本能、啓動專注力的引擎。

讀書專用房

用餐專用房

放鬆專用房

根據環境決定該從事的行為，讓自己不再煩惱。

放在書桌上就能提升專注力的法寶

省去多餘的物品，被打造成最佳學習專用桌的我的書桌上，竟然擺著一項和讀書或工作幾乎無關的物品。猜猜看，是什麼？

答案是，「鏡子」。

當我想延長整體專注時間時，我會在剛好能照到自己臉的位置上放一面鏡子，每次讀書或寫筆記後，覺得有點累而不禁抬起頭時，映入眼簾的就是鏡子裡的自己。

這麼做是爲了重新認識投入書本及筆記的自己。當我漸漸無法專注時，一察覺到有點鬆懈的自己，即會立刻重新繃緊神經，這樣一來，能令自己產生往理想狀態更進一步的動力。這種自我省視，在心理學被稱爲「自我察覺能力」（客觀審視自己的能力），希望自己坐在書桌前時都能保持極高專注力，因此用鏡子來觀察自己，可提高自我察覺能力。

現在我的工作房內，放有三面兩公尺長的全身鏡。當我還是考生時，也在房間牆壁掛上一面面向書桌、可照出全身的鏡子。鏡子的效果不只能用在讀書上，只要在公司桌上某個角落放上能照到自己工作模樣的鏡子，就能成爲鬆懈時重新啓動專注力的引擎開關。

天花板高度也很重要

依據專注目的不同，改變自己身處地點後有可能會更有效率（同時也會啓動第1章提過的促發效果）。例如，在某項調查結果中發現，人在天花板較高的房間裡，會比較有靈感或點子；換句話說，想要構思出好點子，最好去挑高的房間，或是乾脆到晴空下散步。實際上，我也特別選擇天花板較高的房間當作工作專用房，因爲「靈感和天花板高度成正比」。

另一方面，我也發現在天花板低的房間裡較能專注於複雜的作業中。當我

們為了解開基礎知識或基本問題想破頭，或是進行會計和行政相關作業時，在天花板較低的房間裡較能專注。請各位務必在辦公室、學校或咖啡廳等周遭環境裡，找到天花板較高及天花板較低的空間吧。

提高專注力和分析能力的光與聲音

有關打造提升專注力空間的重點，已經向各位提過「書桌四周」與「天花板高度」等各種影響。最後要向各位介紹的是「光」和「聲音」。

常聽說只要在睡前被手機或電腦發出的藍光照到，就會降低睡眠品質；可是，德國某項研究中發現，早上照到藍光後，能幫助提升專注力、分析能力、思考能力。此外，有另一項研究指出，在午餐後最容易放空的那段「惡魔時段」，藍光可幫助維持專注力。藍光擁有的其他效果還包含提升心像旋轉能力（在腦海中想像物體旋轉的能力）。

相反的，身處在白熾燈泡等散發著黃光的環境下，可提升創意力。尤其在

思考有趣點子時，與其在明亮光線下構思，不如到有點昏暗的地方會更有幫助。整體來說，在天花板挑高、光線有點昏暗的店裡找靈感，比較能構思出平常想不到的獨特點子。會出現這種效果，是因爲在微亮的黃光下，容易讓意識放空，整體機制跟散步、上廁所、躺在床上準備睡覺時比坐在書桌前更容易想到有趣點子是一樣的。當我們身處無法清晰思考的環境中，會刺激大腦的其他部分，誘發出更多好點子。

另外，在以考上東京大學考生爲對象的調查裡，發現其實半數以上的考生都不在自己的房間讀書，反而大多在客廳、咖啡廳等有點吵的地方讀書。這種情況顯示出「專注力與聲音」之間的關聯，英國哥倫比亞大學的研究也出現以下有趣結果。他們將受試者分成三組，分別在「和圖書館一樣安靜的地方」「和咖啡廳一樣吵的地方」及「和工地一樣吵的地方」構思新點子或企畫案等需要創意的作業。最後，成果最佳的是在「和咖啡廳一樣吵的地方」構思的組別；而且，被認為最適合思考的「圖書館組」，以及被認為最不適合思考的「工地組」，展現的結果幾乎相同。

不過，若要吸收知識還是到安靜的地方較佳。尤其內向的人容易受噪音影響，建議戴上耳塞式耳機以完全隔絕聲音。耳塞式耳機對我來說也是個重要的寶物，當我要學習時，會把它當耳塞用；當我要構思寫作時，會放音樂來聽。若要追求更安靜的環境，可選擇具消除雜音功能的耳機，或是耳罩式耳機。

結論

遠離智慧型手機或不必要物品，可提升專注力。
打造一個依目的布置的「專注專用空間」。

引擎 2

姿勢

不再久坐！姿勢和表現之間令人驚訝的關係為何？

你有過這種經驗嗎？

想著「接下來在這裡讀好了……」然後跑去床上躺著讀書，結果一不注意就睡著了。或是決心要早點完成工作，一坐在桌子前面對電腦後，不知不覺坐姿開始駝背前傾，接著感到肩頸痠痛，最後比平常還無法專注。還有長時間進行桌上作業，不久後開始不自覺的打呵欠，越打越多次。

會發生前述情形都是非常自然的，因爲會打斷專注狀態的原因，就在「姿勢」上。

有如房間零亂會奪走意志力一樣，以不良姿勢工作的話，同樣只會白費意志力而已。著手任何作業前先注意自己的姿勢，單這麼做，就能讓自己的身體自然擺出容易專注的姿勢。

這狀況跟腦的機制有關。「意志力」是專注力之源，而管理意志力的前額葉，它的能量來源是葡萄糖及氧，負責將氧和葡萄糖送往大腦的是「血液循環」。健康的大腦，會隨時充滿著約全身十五％的血量；不過，大腦本身的大小，只占體重的二％，這麼小的器官會隨時充滿這麼多的血，顯示出它非常需要能量。

而影響送往大腦血量狀況的，即是我們的姿勢。大家都知道，心臟是讓血液在全身循環的重要幫浦，一般情況下，光靠血液循環即可供給全身足以維持生活的能量。可是，有如慢跑時心臟跳動會加快一樣，當我們使用較多能量時，情況就會有所改變；想持續發揮專注力的時候也相同，大腦會比平時需要更多葡萄糖及新鮮氧氣。但是，姿勢卻可能阻礙能量運輸！

我們常坐著讀書或工作，時間一久，姿勢會不自覺的改變，像是彎腰、駝背等，會壓迫到胸腔使呼吸變淺，血液循環速度因此下降，無法及時將新鮮氧氣送往大腦。結果，人會開始打呵欠，接著放空，專注力也大幅下降。另一方面，只要隨時挺直腰桿，呼吸就會加深，體內的血液循環會自然改善，也能供給大腦足量氧氣。因此，欲提高專注力，矯正姿勢是非常重要的。

另外，姿勢變好後，也能活化前額葉。這是因爲橫膈膜等和呼吸相關的肌肉得以正常作用，讓更多氧氣能送往前額葉。

你的坐姿，正在分散你的專注力

先來自我檢測一下，自己的姿勢是否正確？首先，從不良坐姿開始：

- **駝背**：太過專注於電腦、資料或教科書，使頭部自然往前，變成駝背。
- **撐頭或撐身體**：手在桌上撐著頭，或是想得太入神，用單手撐住身體。
- **腰挺太直**：以爲腰越直越好，所以刻意把腰挺很直，甚至屁股只坐了椅子的三分之一。

- **翹腳**：或許是因爲能讓自己較放鬆，一不小心就開始翹腳，讓身體斜著面對桌子。

在這四大錯誤坐姿中，不管你是其中一種，還是全部都有，這些坐姿都只會打斷專注狀態而已。

下頁插圖裡，標示出能促進專注力的「坐姿」重點。實際上，要時常注意是否達到這四點眞的非常麻煩，而且很有可能只顧注意坐姿，結果使作業效率大降，完全本末倒置。所以，試著每天想起正確坐姿好幾次，然後改正自己的坐法，讓自己慢慢習慣正確坐姿吧。雖然這坐姿看似很辛苦，卻是在合理範圍內將重量分散到身體各處，讓血液循環能順暢進行，對持續專注狀態是最理想的姿勢。

以我來說，我是透過名爲「Lumo Lift」的固定裝置來糾正我的坐姿；只要坐姿不對，它會透過震動來提醒我。在美國亞馬遜購物網中，是個很受歡迎的熱銷商品。

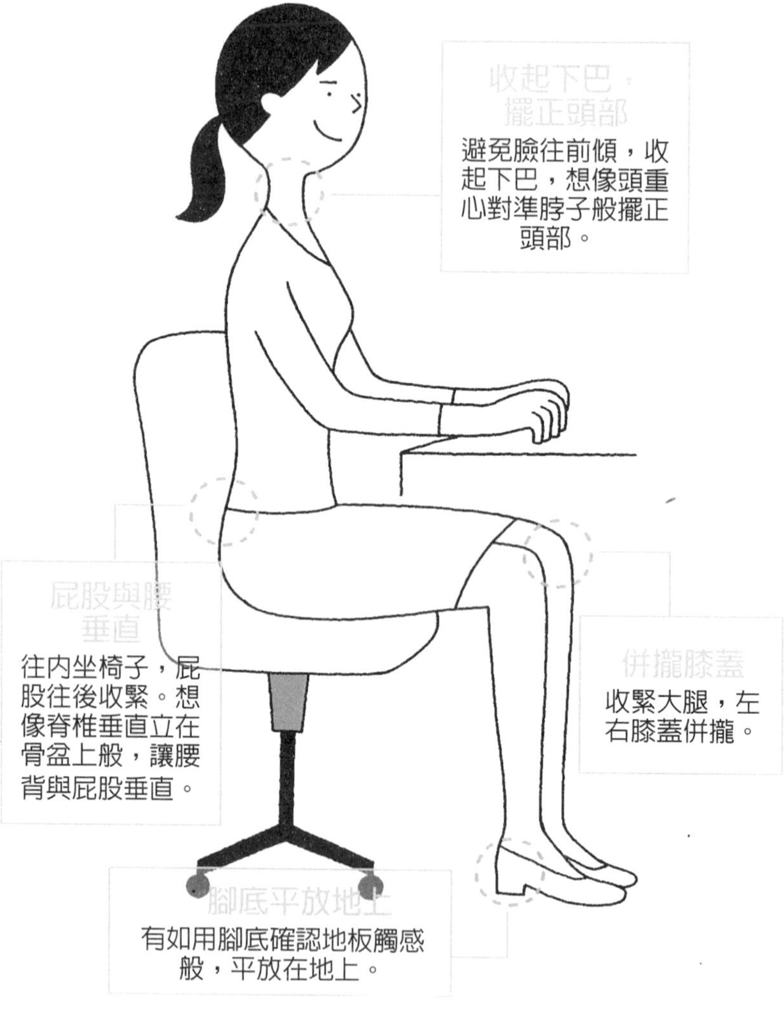
收起下巴，
擺正頭部
避免臉往前傾，收起下巴，想像頭重心對準脖子般擺正頭部。
屁股與腰垂直
往內坐椅子，屁股往後收緊。想像脊椎垂直立在骨盆上般，讓腰背與屁股垂直。
併攏膝蓋
收緊大腿，左右膝蓋併攏。
腳底平放地上
有如用腳底確認地板觸感般，平放在地上。

每十五分鐘站立一次，可讓腦袋歸零

雖然前面介紹許多坐姿與專注力之間的關係，不過我覺得，不論讀書或工作，站著處理是最好的。

各種研究發現，人類只要坐著超過十五分鐘，認知能力和專注力都會下降，工作效率也會變低。另外，一天若有六小時坐在椅子上的話，即使平常有規律運動習慣，和一天只坐三小時的人相比，十五年內死亡的機率會高四十％。

避免這種風險發生的方法只有一個——減少坐在椅子上的時間。

不論工作內容是以桌上作業爲主的人，還是在家從事電腦作業等，應該有不少人會長時間坐在椅子上。現在，是人類史上生活型態裡，坐著的時間最久的一種。話雖如此，也不可能請大家立刻改爲站著工作，尤其公司職員們，在工作過程中應該會出現很難離開座位的情況；所以，很建議大家可以試著每十五分鐘，從座位上站起來一次。

每十五分鐘站一次，不僅可給大腦新的刺激，也有延續專注力的效果。

你可以走到影印機前，或是去拿資料、倒水，甚至走去洗手。相信從座位上站起來的動作，不管是工作或讀書時都能自然做到的。

或許有人覺得專注時間只有十五分鐘會不會太短，但是若將十五分鐘視爲一次循環，重複四次的話即是一小時。在大腦感到厭煩與疲累前從座位上站起來，光是這麼一個小動作，即能讓自己專注下去。想到這裡，相信你也察覺到這動作意外的能帶來很大的幫助。

因此，至少每十五分鐘站起來一次是最合適的；要不然，乾脆站著工作偶爾坐下來如何？這麼想的我，現在正改用站桌與凳子來工作。研究中已證實：站著的時候，比坐著更能發揮認知力、專注力、判斷力。尤其是需要盡早下決定或思考的時候，站著會更有效率。實際上，某家外資公司在引進站著開會制度之後，發現由於判斷和決策時間變快，使整體開會時間縮短了；站桌的強項就是能讓使用者站著工作，比起坐著更容易保持正確姿勢。另外，因爲會時常運動到被稱爲第二個心臟的「小腿」，血液循環也因此改善。

我選用沒有靠背的凳子當作偶爾拿來靠著休息的椅子，尤其可以調整高度的椅子最佳，因爲可讓人輕鬆坐下或站著，不僅能轉換心情，還便利攜帶，換去其他地方工作都沒問題。

我在讀書時也會遊走於室內各處，拋棄工作及讀書都要坐著進行的刻板印象，這就是啓動專注力的其中一個引擎。

結論

不花時間即可立刻專注的關鍵在於「姿勢」。
先從每十五分鐘站一次開始吧！

引擎
3

飲食

關鍵字是「低GI」，專注力取決於你吃進的東西。

人類透過飲食來補充能量並藉以生存，這是理所當然的事；可是，當人變得忙碌，是不是很容易把用餐這件事只視爲「填飽肚子」的行爲呢？其實，腦科學和營養學皆已證明，光注意用餐內容，即可讓你的專注力產生劇烈變化。

在此，想先解說與簡單產生專注力之源——意志力有關的「腦和用餐的關係」。內容可能有點長，想跳過這節的人，只要理解「大腦沒有葡萄糖即無法運作」這點就沒問題了。

生產專注力的大腦在運作時不可或缺的能量來源包含下列六種營養素：

- 葡萄糖
- 脂肪酸
- 磷脂質
- 胺基酸
- 維他命
- 礦物質

對進行各項複雜作業的大腦來說，沒有所謂「光攝取這個就沒問題」的營養素，這些營養素彼此相輔相成，讓腦得以運作。但是，單看與專注力相關的這六種營養素的話，葡萄糖占有重要的一席之地。

因爲，大腦和身體其他器官不同，它只會活用葡萄糖當能量來源。換句話說，葡萄糖是意志力的燃料庫，也是維持專注力的來源。

再加上大腦是個「大胃王」，明明重量只占體重的二％，不過能量消耗量卻高達十八％，平均每小時五公克。由於大腦無法儲備葡萄糖，當葡萄糖不夠大腦取用時，即會將肝臟裡儲存的肝醣轉換成葡萄糖來應急。但是，肝臟裡儲存的肝醣量最多也只有六十公克，再長也只能提供大腦約十二小時的葡萄糖。

因此，在這期間內若不用餐補充能量的話，大腦會陷入燃料不足的窘境。當然，身為指揮身體各部分活動的司令塔所在，當大腦營養不良時，思考力與行動力也會跟著下降，也會打斷專注力。順帶一提，大腦在我們睡覺時也會持續工作，在這期間當然也會消耗葡萄糖。所以，起床時會暫時發呆都是理所當然的，大腦就是這麼會吃掉能量的器官。

「低GI食物」和「餐間點心」能維持專注力

究竟，具體來說該吃什麼、該怎麼吃才能提升專注力呢？關鍵字就是「低GI食物」和「餐間點心」。GI就是「Glycemic Index」（升糖指數）的縮寫，用來標示出用餐後兩小時內血糖值的上升程度。吃完後會使血糖快速飆升的屬於「高ＧＩ食物」，使血糖較緩慢攀升的屬於「低ＧＩ食物」。

低ＧＩ食物的主要特徵爲：會讓血糖值慢慢變化，這點對維持專注力來說是非常重要的。用餐補充葡萄糖後，血糖值會上升，接著能量會被運送至大腦，令專注力和思考力提升。相對的，當血糖值一下降，專注力也會跟著停滯。

要請大家特別注意的是，快速上升的血糖值，是會快速下降的。爲什麼要特別注意這一點呢？因爲這種血糖快速上升、下降的情況，會讓人累積相當大的壓力。比如說，在早上吃了以高ＧＩ食物爲主的早餐後，會發生以下狀況：用餐後血糖快速上升，身體會自然從發呆進入思緒清晰的狀態。可是，這種狀態並不持久，隨著血糖值下降，專注力也跟著下降，逐漸無法集中注意力。早上容易感到煩躁的原因，說不定就是早餐惹的禍。

這時候，就輪到會讓血糖值緩慢攀升的低ＧＩ食物出場了。

從下頁圖表也能了解到，即使同爲麵包，全麥麵糰做出的麵包或披薩屬於低ＧＩ食物，土司、法國麵包和貝果屬於高ＧＩ食物。其他像是糙米、燕麥、藜麥、蘋果、蕎麥、玉米或黑糖等幾乎能以未加工狀態攝食的食物大多

低 GI 食物與高 GI 食物

低	中	高
蕎麥、糙米 全麥麵包 蘋果 起司 優格	烏龍麵 番薯 布丁 餅乾 香蕉	白米 麵包 南瓜 仙貝

都屬於低GI食物。白米屬於典型的高GI食物，所以最好換成糙米。

像這樣在三餐裡多攝取低GI食物，不僅能使血糖值維持平緩變動狀態，同時能穩定的將身爲意志力燃料的葡萄糖送往大腦，這就是提升專注力的基本用餐原則。

尤其在大腦最缺能量的早上吃的早餐最重要，不吃早餐的話整個上午都無法專注，所以早上要好好吃早餐，而且早餐內容要以低GI食物爲主。如果吃全麥麵包、蘋果加優格當低GI早餐的話，餐後兩小時專注力會到達顚峰狀態；如果在上學前或上班前吃早餐的話，兩小時後正好是抵達學校或公司，正要開始上課或工作的時候，想必這時候處理什麼事都能非常順利。

以我自己來說，最常吃低 GI 的鮪魚、酪梨和糙米做成的蓋飯當早餐。

下午點心時間要配合血糖曲線

即使三餐都改吃低 GI 食物，但是在用餐開始約三小時後，血糖值還是會逐漸下降，這時候的王牌就是「餐間點心」。

從以前就流傳著「三點點心時間」的說法，吃完午餐三小時後再吃點心的行為，可說是於情於理、非常恰當的葡萄糖補充法。不過，摻有大量白砂糖的蛋糕或零嘴都屬於典型的高 GI 食物，會讓人血糖一口氣上升，又急速下降。

這時候，建議選吃花生、榛果、腰果、核桃、杏仁果、長山核桃、南瓜籽或葵花籽等當點心；它們不僅是碳水化合物含量低，又富含蛋白質的理想低 GI 食物，而且還富含鋅、Omega-3 脂肪酸、Omega-6 脂肪酸、葉酸、維他命 E

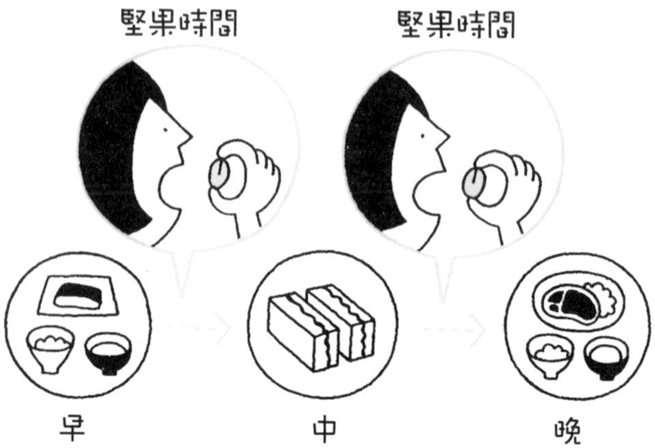

和B6等成分。這些成分都能提高專注力及思考力，尤其Omega-3脂肪酸和Omega-6脂肪酸被認爲具抗憂鬱效果，能促進人正面思考。再加上以堅果類當點心，即使吃得再飽都不會讓人打瞌睡（最佳食用量爲剛好塡滿一個手心的量，最推薦吃無鹽堅果）。

早上八點吃完早餐後，在血糖即將下降的三十分鐘前（十點左右）吃一次堅果；接著，在午餐後約三點的點心時間裡再吃一次。像這樣小吃一下堅果，不但能幫大腦補充葡萄糖，還可以恢復專注力。這種血糖與食物間的交互反應稱爲「次餐效應」，是由提倡GI值的多倫多大學教授詹金斯發表的概念。

另外，堅果和黃豆等食物因爲食物纖維含量較多，能延緩之後吃進碳水化合物的消化與吸收速度，抑制餐後血糖急速上升。

總結以上重點，能加強專注力並使其持續的引擎之一，是以低GI食物爲主的日常三餐，加上適時補給以堅果類爲主的點心。請各位務必以這組合爲標準，改善每日的飲食生活。

你知道嗎？咖啡和能量飲的正確喝法

接下來，將介紹幾個有關「飲食」的小知識。

先來談咖啡和能量飲。大家應該都有一、兩次喝咖啡或能量飲，以恢復專注力的經驗吧？那時候，你覺得有效嗎？相信應該不少人都覺得喝了之後比較能專注。實際上，咖啡和能量飲裡含有的咖啡因，也被認爲有防止認知能力下降的效果。

不過，要確實發揮這效果必須要施點小技巧。首先，有關飲用量，大約一天喝四五〇毫升的咖啡最恰當，大概是一杯星巴克大杯咖啡的量。超過這個量的話，會攝取過多的咖啡因，給予大腦過多刺激，這樣只會矯枉過正，反而帶來負面影響（壓力反應過度）。

另一方面，能量飲的最佳飲用量爲一二五毫升。這是透過實際實驗，以飲用半罐、一罐、兩罐紅牛能量飲後，調查其對認知能力影響的結果。以矮罐來看，大約是留下一、兩口的量最剛好。

咖啡或能量飲，最能發揮效果的時候是飲用後二十至三十分鐘後。因此，與其在累到快睡著、覺得完全無法專注的時候喝，不如在變成這狀態前提前喝會更有效果。可能的話，再配合第 3 章裡介紹的「有效短眠」（超短時間睡眠），醒腦效果更顯著。

我總是在下午容易想睡覺的時段前先吃點優格、喝些咖啡，十分鐘以後效果就會顯現，令我能再度投入工作裡。先讓大腦休息，再給予咖啡因的刺激，即可讓認知能力一下子攀升。

另外，我會拿「優格」配咖啡一起吃的原因，在於咖啡因刺激退化後，避免身體產生疲倦感。如果是喝黑咖啡的話，刺激效果約在喝咖啡後九〇至一五〇分鐘後就會消失，那時候，身體容易感到疲倦懶散；不過，若和優格等乳製品一同攝取，乳製品裡的脂肪能緩和身體對咖啡因的吸收速度，並在刺激效果消失後，緩和身體裡出現的疲倦感。

一杯水就能提升專注力

在有關飲食的重點裡，水分補充也是十分重要的一點。大腦的八〇％是由水組成，

當水分不足時，意志力理所當然的會跟著減少。其實，有不少研究報告指出，不喝水會降低專注力與記憶力。

舉個例子，東倫敦大學和西敏大學的研究學者們曾一起進行有關水和專注力的實驗。實驗中分成進行耗腦力作業之前先喝〇．五公升水的實驗組，以及事先沒有喝任何水的對照組。結果發現，實驗組比對照組的反應時間快了一四％。

具體而言，已知身體喪失約二％水分時，專注力會瞬間下降。夏天無法專注的原因，就是因爲太過炎熱導致水分不足；因此，夏天常聽到「要隨時補充水分」的說法，其實也有助於持續專注力。另外，水分不足對專注力的影響，會隨著年齡增長更爲劇烈。如果你已四、五十歲，記得要比年輕時更頻繁的補充水分。

水分不足會導致賀爾蒙失調，進而影響到大腦，爲了避免此種壞影響發生，隨時補充水分是非常重要的。只要隨時補充水分，不僅能協助大腦運作，還可提升智力。

要多久補充一次水分才能防止這二%水分散失呢?大約每一至兩小時補充一杯的量就夠了。建議各位在書桌或辦公桌旁放水瓶，隨時提醒自己補充水分。但是，如果將水瓶放桌上的話，會容易分散注意力，最好是放在腳邊或收在抽屜裡。

＼結論／

意志力會隨優質糖分而增加。

攝取「低GI食物＋堅果」，打造持久專注力。

引擎 4

情緒

專注力高的人，連負面情緒都能變成動力！

不論是誰都一定有過這樣的經驗：當自己完全投入其中時，連自己都不會意識到自己「正在專注」。聽起來或許有些哲學，但是，各位應該都有過「專注到忘了時間」的經驗。例如，讀自己喜歡的小說或漫畫時，因爲太在意「後續發展」，結果一不小心就讀到深夜了；跟很要好的朋友聊得太開心，竟然聊到餐廳都要關了；在彙整自己要發表的簡報時，回過神來才發現同事都已經下班了；太努力練習第一次接觸的運動，練到天都黑了。

這些情況，就是所謂的「心流體驗」。

心流體驗，是由二十世紀代表性的心理學家米哈里所提倡，專指全身「心理能量」一〇〇%投注在現在面對的人事物的狀態。雖然米哈里是用「心理能量」來表達，但是將其換成「意志力」或「專注力」都能通用。換句話說，極其專注的狀態即為心流體驗。米哈里表示，人們欲進入心流體驗必須滿足八種條件，在這裡，將介紹其中四種我想特別強調的條件。

處理的內容難易度適中

不管讀書、聊天、工作或運動，正在著手的內容對自己來說不會太難，也不會太簡單，正好是使出全力就能達到的程度。

感覺自己可掌握處理內容

能以自己的速度看書；以自己覺得舒服的節奏聊天；腦中浮現可落實的創意靈感；球按照自己預想的球路動作……這些就是感覺到可自在掌控處理內容的狀態。

收到直接回饋

正在著手的內容能直接回饋給自己。以讀書來說，能感到「有趣」「想繼續讀下去」；以聊天來講就是「對方的笑容」「同感」和「表達的往來」；以製作企畫書來看，「用詞選字」「圖表製作」帶來的刺激；運動的話像「做得很好」「失敗了」等親身體會……這些反應會讓自己內心產生迴響，勾起開心或不甘心等情緒。

隔絕所有妨礙專注的要因

現在正處在除了自己跟處理內容外，沒有其他妨礙出現的環境中。比方說，讀書時有人來搭話、聊天中對方要接電話、製作企畫書時被上司叫過去等類似情形，完全不用擔心這些會打斷目前行爲的狀況發生。

只要滿足以上四個條件，就可以發揮前所未有的高專注力，並感受到心流體驗帶來的興奮。在此過程中，我們會感到興奮的喜悅，進而渴望心流體驗再次發生，這樣重複一、兩次之後，一定會有所成長。

喜怒哀樂是提升專注力強度的關鍵

剛剛介紹了透過「心流體驗」，喜悅的情緒激發出專注力的過程。由此可知，專注和情緒之間有著密切關聯。一般而言，談到「正在專注」時，腦中會浮現乖乖坐在書桌前安靜作業的畫面；不過，這其實是對專注力長期以來的一種誤解。

事實上，只要好好運用喜怒哀樂等情緒，就能提升專注力。就好像跳臺滑雪比賽時，不論是開心或憤怒，選手都會利用這些感情奮力從跳臺上一躍而下，讓自己能跳得更快、更遠，直達目

標。

順帶一提，之前提到的心流體驗，是以「喜悅」爲基礎，再輔以四個條件，讓專注力爆發成長，達到鮮少體驗過的境界。像這樣巧妙運用喜怒哀樂等情緒，即可提升專注力。雖然無法像心流體驗那樣的威力強大，不過了解情緒和專注力之間的關係後，就可以幫助我們自在發揮專注力。

「怒」能增加行動力、解決問題的能力

在生氣的狀態下，面對遲遲無法找到解決方法的問題時，可以比平常更專注於處理這件事上。

憤怒是每個人都會有的情緒，雖然常有因憤怒失去自我等情況，讓人對憤怒只留下負面印象；不過，憤怒基本上是一種情緒的傳達方式，也是一種防衛情緒。會這麼解釋，是因爲野生動物被襲擊的時候，爲了生存而採取的行動只有「反擊或逃走」兩種選擇，無論選哪種都無法放鬆。此時，讓肌肉維持緊

繃，促使身體做出逃跑或反擊抉擇的，就是憤怒。也就是說，憤怒是和生存本能關係最爲密切的一種情緒。所以，憤怒情緒裡潛藏著刺激人採取行動的強大力量。

在喜怒哀樂之中，憤怒是最能強烈驅使人進行「有目標行動」的一種。有目標行為指的是帶有某個目的或目標的行動，人只要有目的或目標，並且目標越具體的話，行動越積極。例如總是賴床的小孩，在遠足或旅遊的那天會比平常早起兩、三個小時，還更有效率的做好事前準備，有精神的出門。因爲他有「去玩」的具體目標，所以能發揮專注力進行任何行動。

這種有目標的行動，若能妥善活用憤怒情緒的話，效果會更好。像是「不甘心所以得再加油」「爲了讓他們後悔而努力」等憤怒能量，都會成爲達成目標或解決問題的動力。以結果來看，不只能提升專注力，還可幫助完成困難、難以著手的課題或企畫等高難度任務。

但是，憤怒情緒的高峰期很短，最好是心中感到「混帳」「氣死我了」「整個火都上來了」的時候，立刻從包包裡拿出筆記本，寫下現在想到的解決方案。

感到憤怒的時候，應該要好好思考在這之後自己最應該著手的事情，要以什麼目標來努力等；不要等到先深呼吸冷靜一下再處理，要在憤怒的短暫時間裡一決勝負，這就是妥善運用憤怒提高專注力的方法。請各位務必將這方法活用在讓自己積極向上的各種行爲上。

「哀」促使人冷靜、公正的下決定

哀傷的時候，總給人什麼都無法處理的印象。不過，根據社會心理學的研究，在哀傷的時候，人類最能冷靜的下決定。澳洲新南威爾斯大學社會心理學家佛蓋斯指出：「哀傷讓人更能深層思考，注意到細節，並鎖定事情焦點。」

佛蓋斯在實驗裡，給受試者看許多和死亡及癌症有關的短片；等他們進入憂鬱狀態時，再讓他們下各種決定。結果，有關判斷傳言正確性及分析過去事件等方面，測驗結果比沒看短片的對照組還高分。而且，沉浸在哀傷情緒裡的受試者，比較不會對初次見面的人帶有先入爲主的印象（不會憑自己的刻板印象判斷人），在計算方面的缺失也比較少。

換句話說，哀傷情緒能讓人冷靜、公平的下決定。話雖如此，但是當人處於哀傷情緒時，行動力就會下降，所以，最好在此時重新審視一下自己最近做的種種決定，像是投資或開發新事業等事項。當我們在安靜的環境裡處理事情時，若能以哀傷情緒爲基礎著手，反而更能投入於眼前的作業中。

「喜」「樂」提升創造力，並加快決斷時間

喜悅的情緒，會讓人變得更有創意，並且針對眼前的任何抉擇都能立刻

下決定。

如果哪天出現了「企畫案過了！太好了」「考試結果不錯，好開心」「有時間跟女朋友約會了！喔耶！」這些由衷開心的事，請記得趁好心情還沒結束前，在當天分配時間給自己進行些需要創意的事，如發想新企畫案、挑戰更需要創造力的問題，或是仔細規畫約會行程等。此時，這股好心情，會讓你進入如心流體驗般的超專注狀態。尤其當好點子一個接一個跑出來，像是腦袋大清倉一樣的時候，這種超專注狀態會幫助你從平常覺得「無趣沒用」的小靈感裡，構思出意外精采的好方案。

另外，在能充分放鬆的環境下，若你能跟自己不討厭的人聊天，效果會更加顯著。

當然，在心情好或開心的時候，也有最好不要在這時候處理的事情——聽別人說話，尤其聽推銷業務員講話。只要聽到：「請想像一下有○○的生活」等推銷術語，刺激你發揮豐富的想像力，然後不小心太快下決定……在心情好的時候，很有可能會輕易說Ｙｅｓ！

感到開心的時候，和覺得哀傷的時候正好相反，無法冷靜思考判斷，只顧著不斷往前邁進。因爲，當你在這過程中遇到其他順利進行的事情時，會產生「所有事情都會很順利」的錯覺；那些事業成功、判斷能力應該超群的經營者們，會深陷平常不會被騙的投資詐騙裡，幾乎都是被騙徒利用「心情好、無法冷靜思考」這點，才栽在騙徒手上的。

當自己覺得好事情不斷發生時更要特別小心，別讓自己失去對人事物的判斷能力。

預測情緒變化來規畫行程

想活用情緒變化帶起專注力，將激發「喜怒哀樂」的活動事先編入每日行程中的「情緒規畫」是非常有效的方法。

情緒規畫

像是把工作排在與好友玩樂之後處理；看完喜劇片後再著手那些麻煩的業務確認作業；下午要開企畫會議，就先在中午去吃從以前就深受好評的美味午餐等。

還有故意想起通勤尖峰時刻搭上超擠捷運

情緒規畫範例

- 8:00 》在尖峰時刻搭捷運通勤
- 9:00 》構思改善業績的方案
- 12:00 》在知名餐廳跟朋友午餐
- 13:00 》找新企畫靈感
- 15:00 》休息（到附近散步）
- 15:30 》文書作業
- 19:00 》回家
- 19:30 》看感人電影
- 21:00 》回想今日狀況並反省
- 22:00 》就寢

的痛苦或後悔體驗後，再去面對被自己當作難題的各種問題。如同上列情況般，先預測每項活動前會有的情緒後，再規畫出一整天的行程表。

跟朋友開心玩耍好好放鬆後，這個好心情會帶起整體工作效率；吃完美味午餐後的滿足感，會讓好點子一個接一個浮現出來；想起通勤的辛酸之後，或許就能找到解決難題的關鍵。

還有，以哀傷情緒處理細部作業的話，應該能細心的完成工作。像這樣先預見自己的情緒變化再來規畫行程表，就是所謂的「情緒規畫」。只要妥善運用喜怒哀樂任一種情緒，就能比平常更專注的面對所有人事物。

結論

了解情緒特性，將喜怒哀樂等所有情緒轉換成專注力吧！

引擎 5

習慣

猶豫是阻礙專注力的兇手，用流程節省意志力！

在第1章裡曾簡單介紹過「節省意志力的最佳方法就是『習慣化』」，不過，究竟要如何才能養成提升專注力的「習慣」呢？訣竅在於，減少判斷和下決定的次數。也就是說，要「訓練」自己在不使用意志力的情況下，做出判斷或下決定。

以下將詳細介紹有關習慣化的「訓練機制」，順便介紹一項能提高專注力，非常值得養成的習慣——「整理」。

我天生就是個對於人生重要目的以外的事毫無反應的人，現在的我，可以持續向各個新領域挑戰，都是託「習慣化」的福。

將這習慣化機制內化得比誰都還深入的，就是那些被稱爲頂尖運動選手的人。他們從小開始練習，把原先需要連續深度思考抉擇的拍、打、跑、跳等動作組合習慣化；像是職業高爾夫球選手的開球、投手投出的變化球、足球選手的傳球，這些動作都是一般人無法做出的高難度動作，也不能像選手般瞬間做出判斷。

不過，在調查頂尖運動選手的大腦之後發現，比賽時選手們的前額葉幾乎不太會活動，主要活動的都是小腦，代表身體只是在進行反射動作而已。研究發現，大腦會在習慣化之後，隨著新養成的習慣改變活動區域。這情況也可以套用在專注力上，像是那些需要超專注才能解決的作業，也能透過習慣化，讓人不需專注即可處理。換句話說，我們可以透過習慣化來節省意志力。

正因爲大腦有這種機制，他們才能在十八洞、九局和九十分鐘等各運動比賽的時間內，一直發揮極高專注力到最後。

這個機制不僅運動選手會用，工作能力很強的人也會用。他們一邊活動前額葉、一邊學習，直到學會該技能後將其習慣化，即可不用意志力就能立刻行動，所以，他們才能在時間內解決許多任務。他們的行動看在他人眼裡，就像一直維持專注狀態一樣；可是，那些已被習慣化的動作，幾乎不會消耗到任何意志力。

這個情況並不是因爲他們的大腦比較特別，只是他們運用專注力的對象和其他人不同罷了。這些工作能力很強的人透過習慣化儲備意志力，同時將意志力運用在學習新習慣或技能上。另一方面，無法操控專注力的人總是一次訂下太多目標：「今年一定要去上英文補習班，去健身房健身，還要開始早起……」

三心二意、舉棋不定的結果，就是分散掉自己的專注力，在習慣第一個目標之前大腦已筋疲力盡，最後所有目標都無疾而終。

這種專注單一行動的思考方法，可以運用在之後提到的「運動」及「靜坐」，還有上英文會話課或健身房等各種你想開始著手的新挑戰上，請大家務

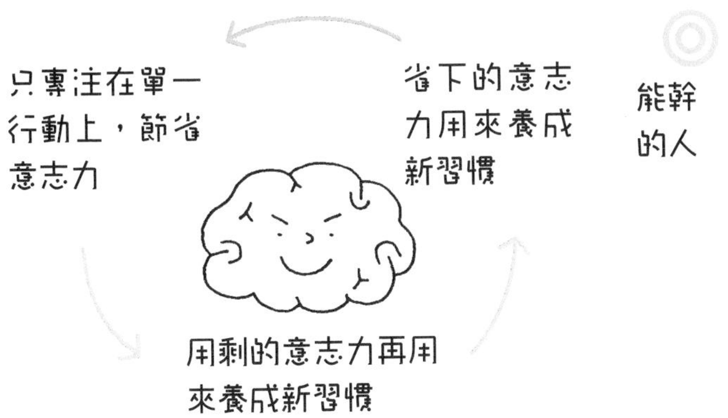
◎
能幹的人
只專注在單一行動上，節省意志力
省下的意志力用來養成新習慣
用剩的意志力再用來養成新習慣

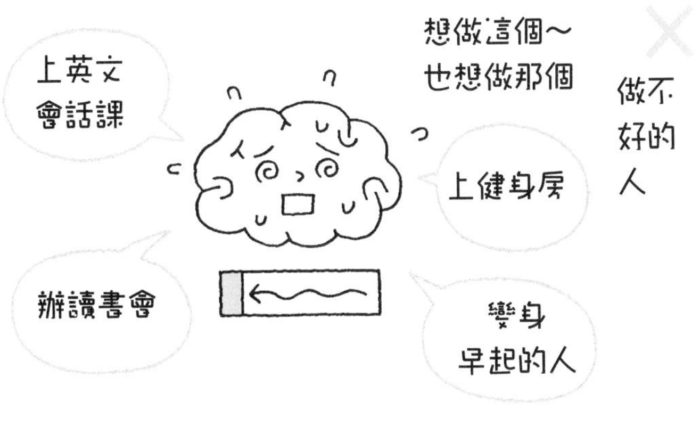
×
做不好的人
想做這個～也想做那個
上英文會話課
上健身房
辦讀書會
變身早起的人

必嘗試看看。

接下來，要先介紹有關節省意志力的技巧。

七支衣架培養出專注力

容我再強調一次，當選項越多，「猶豫」越多，消耗的意志力就越多。作決定時用的能量和專注時用的能量，都一樣是意志力。因此，日常生活中選擇的機會越少，越能提升專注力。

只要了解這項意志力原則，日常生活就自然會變得更簡約。

總而言之，只要持有的物品數和選擇機會越少，專注力就會自動提升。比方說，賈伯斯在公開場合中的打扮永遠只有一套：三宅一生的黑色高領上衣，搭配微褪色的 Levi's 501 牛仔褲，加上一雙 New Balance 灰色球鞋。應該不少人對於選擇「每天的服裝搭配」覺得很有壓力，賈伯斯把這麻煩的選擇「技術性」的迴避掉了（順帶一提，Facebook 創辦人馬克．祖克柏也總是穿著灰色襯

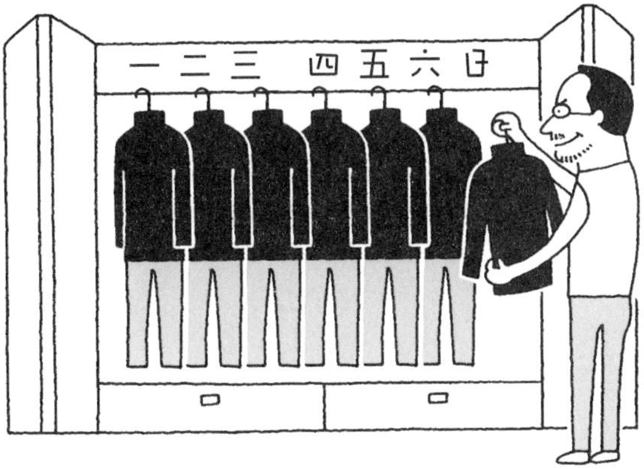

衫），想必年輕時就習慣每天靜心的賈伯斯，從經驗中理解了意志力原則吧。

賈伯斯曾說：「如果今天是我人生的最後一天，我還會想做我今天預計要做的事嗎？」就連留下如此名言的他，都不是一開始就知道自己每天爲什麼而活的人。意志力是要用在發揮創造力上，爲了達到此目的，我們要從日常生活中減少任何不必要的選擇，決定好每天穿什麼衣服的習慣，也是減少選擇的方法之一。下述賈伯斯的穿衣習慣非常值得我們仿效。

在衣櫃裡準備七支衣架，並準備好星期一到星期日要穿的整套衣服。一早換衣服時只需取出衣架，就可一次完成所有選擇。如果是企業人士，就準備好襯衫、長褲、外套和領帶。只要找出適合任何搭配的「配色」來篩選自己的衣服，即可打造出有如賈伯斯般理想，既簡約又有個性的衣櫃間。

我自己也藉由篩選顏色，讓選擇範圍變小。以「藍色」為主，挑選適合的衣服、小配件及包包等，精選過的這些衣飾不管怎麼組合都非常合適好看，所以不需要特別煩惱如何搭配。能專注在自己目標的人，都致力於將瑣事「機制化」，再把節省下來的意志力，投入人生中的重要事情中。

即時判斷預防浪費意志力

下決定的機會越少，越不會浪費意志力。

比方說，每天做的家事就是連續下決定的狀態。「吃飯之後洗碗」看起來只是洗個碗而已，不需要下任何決定；可是，當人吃飽時，採取行動就變成一件麻煩的事。「要現在洗？還是等下再洗？要自己洗？還是請室友洗？」種種猶豫都是一種選擇。我為了減少這些選擇的機會，早已在心裡決定：「把碗盤拿到水槽之後，就立刻洗它」。

就像先前我提到的一樣，大腦並不會因為採取行動疲累，反倒是因為連續下瑣碎的決定感到疲憊。而且，因為「現在不想做」就把事情往後延的話，疲憊只會繼續增加，這就是第 1 章介紹過的「決策疲勞」。即使延後處理是下意識反應，但在潛意識中還是會一直把「一定要完成這件事」放在心上。

一定要做的那些事，尤其是雜事，更應該要即刻判斷處理。

盡可能打造出處理雜事專用的免判斷機制。像是賈伯斯的衣櫃間和我的洗碗規則一樣，讓「該怎麼辦？」「要不要做？」「現

在先不要好了……」等所有猶豫毫無存在餘地。

所謂機制化，就是將所有要下決定的事情立刻處理完畢。

利用「眼不見為淨箱」打造專注力房間

明明要計算上個月的經費，卻開始整理桌子；明明要好好爲了考試讀書準備，卻開始打掃房間。明明有一定要完成的事情，卻總是開始著手毫無關聯的其他事項，大家應該都曾發生過像這樣的情況。

這個情況在心理學裡稱爲「自我設限」。遲算經費是因爲整理桌子；沒有讀書是因爲打掃房間。在著手必處理的事情前，先一時躲在「處理其他事情」的狀態下；像這樣妨礙自己，都是下意識在幫自己準備失敗時的藉口。

或許各位已經察覺到了，自我設限會耗費專注力。著手必須處理的事情前，因爲先做了不少取捨與選擇，所以當自己好不容易要做正事時，能用的意志力已所剩無幾了。爲了避開這些潛藏在日常生活的陷阱，我們要事先將可能

變成陷阱的東西根除。換句話說，我們要清理掉房間裡不必要的東西，然後將有關正事的用具都準備好，這就是根除陷阱的基本。

以我來說，我不在房間裡放置任何跟工作或讀書無關的物品，還讓筆記本隨時處於展開狀態，這就是我所打造能專注於工作的環境。在自己產生「想整理」的念頭前，先隔絕一切會產生這念頭的原因。

可是，大家可能很難像我一樣這麼徹底的打造出適合的環境；因此，我想介紹「眼不見爲淨箱」給各位。先準備一個在三十九元商店就能買到的大盒子，然後把所有與正事無關的東西一律放在盒子裡，想讀的書、漫畫和智慧型手機等，盡快整理好桌上和桌邊的物品。這個整理東西的大動作會成為開啓專注力的開關，激起自己做正事的幹勁。另外，盡可能將這個箱子放在櫃子裡，或是蓋上蓋子，讓自己看不到箱子裡裝些什麼，整體效果會更佳。

我也在書桌旁隨時準備這個箱子，只要出現會妨礙我專注的東西，就立刻將它放進箱子裡，然後收到我看不到的倉庫一隅。我特別將倉庫裡的架子空出一層，專門擺放「眼不見為淨箱」，光這麼做即可加快我進入專注狀態的速度。

「眼不見為淨箱」會有效，是因為它和行為經濟學裡提到的「雙曲貼現」相關。所謂雙曲貼現指的是「覺得物理、時間上較近的物品較有價值，對空間及時間上較遠的物品較無感」的現象。人容易被視野內的物品誘惑，因此將分散注意力的物品自視野中移開，放到看不見的地方，就能將其從意識裡屏除。

如果想在辦公室裡運用同樣手法的話，記得將辦公桌的第一個抽屜隨時淨空，這樣一來，當有要事得處理時，桌上的書堆或別人送的伴手禮等會妨礙自己的物品，都能一下子收進抽屜裡。

把抽屜當「眼不見爲淨箱」來用吧！

如果是需要絞盡腦汁想點子的工作，就把會妨礙專注思考的書、筆記型電腦、智慧型手機等放進「眼不見爲淨箱」或包包及抽屜裡，培養將它們抽離視野的習慣，只要這麼做就能提高專注力。

最糟糕的狀態，就是養成了覺得「也許有天會用到」，把所有東西都留下來的習慣。爲什麼說這種習慣最糟糕呢？因爲當選項增加時，到眞正下決定之前的猶豫時間會變長，同時消耗意志力。爲了避免浪費意志力，要盡可能的不持有任何與目的無關的物品。只要整頓了身邊的物品，空無一物的環境就會成爲專注開關，一走進房間時，即可立刻投入目標中。

我，絕不持有任何東西

我最近迷上了「租借用品」，決定「不管是電腦還是手機，能用租的就用租的。」這樣一來就不需要買東西，也不用花時間比較型號或外型，即可節省挑選物品等時間。而且用租借的還能享有維修保固，讓我非常愛用租借服務。

此外，我也將書以外的文書資料等，全部掃描保存起來後丟掉回收。最近的掃瞄機不只有能辨識文字的OCR（光學字元辨識）功能，還有資料檢索功能，掃描保存的資料使用起來反而更方便了。再加上名爲「Evernote」的應用程式，可以從資料裡「檢索」出想找的關鍵字，更是幫了我大忙。

至於書和筆記，因爲人會以「空間」記憶寫在裡面的內容，像「我記得寫在這裡啊」，所以我會把它們留下來。不過，文書資料沒有所謂「位置」的記憶，所以直接掃描起來保存到電腦中，再利用檢索功能，會比直接看紙本還實用許多。

因爲「減少紙張，擺脫紙本資料」之後，完全不需要特別打掃，所以反而對專注有益。

「專注」意指投入一件事物中。與其想辦法讓自己專注，不如想著「不做其他事」，這種想法是最能提升專注力的方法。

當自己的目標越明確，越能將專注力投注在達成目的的過程，並減少意志力用在無關緊要情況裡的機率。最重要的是，要了解所有事物只要進入視野裡，就有可能成爲奪取專注力的陷阱；只要理解奪取你專注力的原因爲何，就能採取屏除該原因的手段。

結論

為了不要因麻煩事而煩惱，以機制解決一切，「即刻判斷」的習慣，可以儲備意志力！

引擎 6

運動

只需五分鐘就能體驗驚人效果！鍛鍊出不會累的身體，也能增強抗壓性。

在提升專注力的眾多方法裡，最近最引起我興趣，並且積極實行的就是「運動」。

根據喬治亞大學進行的運動與大腦研究指出，從事二十分鐘輕量運動後約三至四個小時內，認知能力與思辨能力會大幅提升。運動會改善大腦裡的血流狀況，進而使大腦釋放出和欲望、學習等相關的多巴胺。此外，運動不僅能使專注狀態持續，還能協助恢復意志力。伸展、體操等輕量運動，或是邊走、邊站著進行的作業等，皆能提升專注力。

在我還是學生的時候，也有朋友會一邊解物理或數學題目，一邊晃腳或轉手；初次看到這情形時相當驚訝，但是據那朋友所說：「這樣做比較好解題！」實際上，他也真的是位非常優秀的學生。

有如「引擎 2——姿勢」裡提到過的，「工作或讀書時一定要坐在書桌前」只是種誤解，我在家讀書時也會邊來回走動且唸出聲音來。想專注在某件事，或是想記下某段內容時，動動身體、唸出聲音來會非常有幫助。再加上運動習慣能強化大腦，還能讓大腦變得比較不會疲倦。舉例來說，UCLA 的研究小組曾發表過「運動習慣能增加大腦的成長因子，連會隨著年齡增長而趨緩的神經元生長速度都會因此改善，且具有維持大腦活動及維持並改善腦容量的效果。」

如果我可以任意設計我的辦公室，那我會將會議室等空間與健身房合併，並提出培養上班後二十分鐘及午休時間花二十分鐘運動的習慣。「流汗一下心情會變好」並不是錯覺，運動具有讓人的情緒正向發展的效果，它能長時間緩和慢性累積起的各種壓力，安定血糖值之餘也使心神安寧。

當你犯了錯，沮喪的覺得自己已經沒救的時候；或是不知爲何提不起幹勁、覺得有點累的時候，請先試著冷靜下來運動二十分鐘左右。輕量運動，會成爲引導我們解決問題的「引擎」。

話雖如此，若隨時在辦公室運動的話，可能會造成周圍同事的困擾，所以只要知道幾個能在空檔裡做的簡單運動，就可以派上用場。總而言之，運動是重啓大腦的開關，只需打造出「讀書——輕量運動——讀書」的行動節奏，就能重新啓動中斷的專注力。這種運動作用被稱爲「大腦執行功能」，能活化意志力之源的前額葉。

用運動喚起沉睡的野性

自古以來，人類都是在運動的時候活動大腦，因爲採集狩獵時代的行爲完整的深植在基因裡。而且，人類原本就會在面對比自己體積還大的獵物時，以智取代替肉搏，並和夥伴一起進行有效率的狩獵。

爲了要狩獵，爲了要活下去，所以動腦。完全不使用這個與生俱來的本能，才是使大腦和身體間平衡崩解的原因。現代生活裡，能取代狩獵活動的，就是透過運動活動筋骨。另外，在讀書或工作的同時動動身體，從提升專注力角度來看是非常有效的。

對採集狩獵時代的人類來說，一直待在同一位置不動等於「在休息」，所以一直坐在桌子前不動，之後會變得想睡覺也是理所當然的。總之，想提升專注力並持續的話，養成適度運動的習慣是非常重要的。我以前都認爲「今天出差去了很多地方，身體很累，所以不去健身房也沒關係吧！」但現在的想法正好相反，反倒在移動時間很長的時候，或是今天有繁重工作時，我會一早就去健身房運動。不僅工作效率因此變好，腦袋和心情都會變得清爽明晰。

五分鐘「綠色運動」效果顯著

不過，對在都市辦公室裡工作的人來說，工作時間內在辦公室裡伸展、做體操等輕量運動並不容易。因此，現在要介紹和二十分鐘運動有同等效果的運動——「綠色運動」，在一片綠意裡散步約五分鐘的小小森林浴。

依據英國艾塞克斯大學研究小組進行的調查，在公園等戶外充滿綠意的地方活動五分鐘，就能讓身心清新舒暢。這個研究在進行時，爲了了解運動和身處大自然之間的加乘作用，讓受試者一邊看著牆上投影出的郊外或鄉間風景，一邊在跑步機上運動；結果，數據顯示看著風景運動的人，無論血壓還是心臟狀態都比純運動的人更佳。之後，研究小組實際到綠意中散步實驗，結果發現的確會獲得更優質的效果。

另外，同研究表示，即使拉長散步時間，得到的效果也不會改變；反而在運動開始後的五分鐘裡得到的刺激，可以消除大腦裡累積的疲憊。換句話說，不需要運動到會流汗、覺得有點累的程度，輕量運動帶來的效果會比激烈運動還高，而且效果更即時。

所謂的綠色運動，只是在公園、有路樹的街道上，或是綠化後的屋頂廣場等辦公室附近的自然場所散步而已。由於目前已知有「水」的地方效果更好，因此如果辦公室附近有噴水池或河川之類的場所，就在散步時順道經過那裡吧。然後，盡可能在上午晒晒太陽，可以活化血清素分泌。

血清素又被稱爲「幸福賀爾蒙」，不僅可以讓專注程度更深層發展，還能讓人轉爲正向思考，減輕壓力。所以我特別推薦這個綠色運動給最近常覺得「煩躁」的人，若能再加上飲食，像是在早餐裡吃香蕉、蛋、雞肉或羊栖菜等能協助生成血清素的食材，運動起來的效果會更佳。

今天起就能輕鬆進行的三種運動

最後，要介紹短時間內能發揮效果的運動，做為這篇的總結。

試試看

七分鐘高強度間歇訓練（HIIT）

HIIT（High-Intensity Interval Training）是指進行高強度運動後稍作休息，再繼續進行高強度運動，接著休息，一直重複這順序的手法。

透過HIIT能在短時間內獲得大量運動效果，是一項專業運動選手也採用的手法，只需七分鐘就能獲得等同於運動一小時般的效果。現在有許多智慧型手機可利用的訓練應用程式，我自己也在使用。

十分鐘階梯踩踏

我推薦大家能上下公司樓梯約十至二十分鐘，當作開啟專注力引擎的運動；以二十秒爬一層樓來算，大約上下十五層樓左右。

比方說，午休之後不要搭電梯或

手扶梯，單單爬樓梯到自己的工作樓層，就能幫助發揮與持續專注力。

我常常爬樓梯上我家，雖然腳有點痠，但是大腦卻非常清晰，而且投入工作後就不會在意到身體的疲憊，更能順利進入專注狀態。

三十分鐘車站間快走

通勤或上學時，如果能快走一至兩站的距離，就能打開專注力開關。

早上上班時，提早一站下車後走路到公司，在陽光洗禮下進行這種不到三十分鐘的簡單運動，腦內即會分泌之前提到的血清素。另一方面，回家時提早一站下車後走路回家，也能讓思緒變得清晰許多。尤其在工作後回到家，還得繼續做正事，或是為了考證照不得不讀書時，事前像這樣動動身體，不但能成為轉換心情的「開關」，還可以協助我們再度進入專注狀態。

以上幾項不需花太多時間的輕量運動，可以幫助我們恢復上午工作時消耗的意志力，還能協助我們在下午持續發揮專注力。

結論

運動，是大腦的重新啟動鍵。只要鍛鍊大腦，就能變成不易疲倦的體質。

引擎 7

靜坐

擴大大腦機能！睡眠更深層，簡單養成專注力。

接下來要講解一些較專業的知識。身爲意志力之源的大腦前額葉，是由被稱爲「灰質」的物質組成的，近年來，能在最短時間內快速活化灰質而受到注目的方法，就是靜坐。

聽到靜坐，或許有些人會聯想到修心養性或超自然層面；但是，靜坐的功效已受到腦科學認證，並已知大腦在習慣靜坐後，會提升專注力與注意力。此外，從心理學上來看，靜坐對壓力管理、抑制衝動及自我認知等方面也有正面影響；而且，一天內靜坐約三分鐘，即可鍛鍊意志力，可以說是「百利而無一

透過靜坐能獲得的好處

1 放鬆
2 提升專注力
3 加強抗壓性（鍛鍊短期記憶）
4 加強情感控制能力（杏仁體產生變化）
5 降低體脂肪
6 提升睡眠品質

害」，完全沒有不做的理由。

當然，一天內做幾次都無所謂，但剛開始靜坐時最好從「一次三分鐘」的長度開始習慣，之後慢慢延長至五分鐘、十分鐘、十五分鐘不等。雖然一天三十分鐘是最理想的，不過，若只是想提升專注力，一週進行四次二十分鐘左右的靜坐就能看到效果。

另外，若能將靜坐習慣化，越能得到更棒的成果。某項研究中發現，靜坐練習若累積至三小時，注意力和自制力明顯有所提升；之後繼續累積至十一小時，產生專注力的神經網絡間的聯繫會增加。若以一星期累積三小時的頻率持續靜坐兩個月以上，會使形成前額葉的灰質品質更佳，自我認知能力也會因此養成。這種情形，可以證明專注力跟肌肉一樣，能透過訓練來加強。

其實，我自己也常在日常生活中靜坐，並活用在修練專注力和控制壓力上。一開始只靜坐三分鐘，後來變成早、晚各五分鐘，持續了約三週後，連自己都能感覺到自己的變化——原先絲毫無法集中的心情，慢慢的沉穩下來了。雖然持續靜坐很重要，不過請在不勉強自己的範圍內試著將靜坐融入生活中吧。

靜坐很簡單，只需專注呼吸就好

靜坐不需要特別準備用具或場地，我自己在靜坐時非常簡單，只需兩個步驟就能做到。

首先，請回想在講解專注力引擎時介紹的標準姿勢……伸直腰桿，不需要椅子，直接坐在地板上，靜靜的閉上雙眼，雙手放在膝蓋上。

2 慢慢呼吸

用鼻子慢慢吸氣，再用嘴巴慢慢吐氣。以七秒吸氣、七秒吐氣的速度為一組。若覺得不舒服，也可以減少秒數。以伸直腰桿的狀態坐著，慢慢呼吸；接著只要持續這個狀態三至五分鐘就好。

但是，要達到「空無」的境界並不容易。所以，一開始只要把意識集中在呼吸上就好，還沒習慣的時候，在心裡默念「吸氣、吐氣」

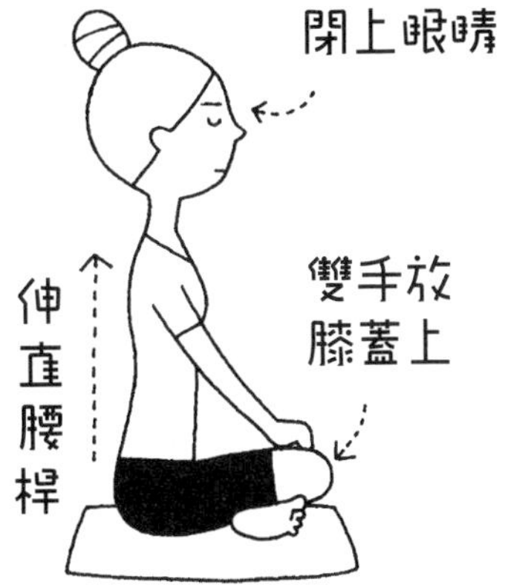

也可以。

當意識逐漸放在因吸氣鼓起的腹部，以及吐氣時嘴唇感覺到的氣流上，應該就能慢慢進入「什麼都不想」的放空狀態。如果，中途不小心想起其他事情，就再度默念「吸氣、吐氣」，讓意識重新回到呼吸上。覺得自己快睡著時，就睜開眼睛，將視線集中在一點上，就算是筆尖也無妨。

話說回來，如果要提升專注力，「用鼻子呼吸」會比用嘴呼吸有效。在牙醫佐野眞弘、佐野SAYAKA和加藤俊德（「大腦學校」代表）進行的研究中發現：「用嘴呼吸時，前額葉的耗氧量會比用鼻子來得多。」這結果顯示，用嘴呼吸可能無法令前額葉休息，而且容易使人陷入慢性疲勞狀態。

此外，該研究猜測前額葉會因爲慢性疲勞狀態使注意力低下，並引起學習能力或工作效率減退。每天都覺得容易累的人，最好重新審視自己的呼吸狀況。

以我的經驗來說，一邊意識「自己靜坐之後的變化」，一邊持續靜坐的話，得到的效果會更好。注意這些變化的同時，每次呼吸都會鍛鍊到意志力，所以越是覺得「自己屬於容易分心」的人，越能藉此培養專注力。

結論

養成「靜坐」習慣，讓一整天形成好循環，不僅能幫大腦排毒，還能持續正向情緒。

第 3 章

讓疲憊歸零的
3 種恢復法

覺得疲累的人，請從本章開始讀

現在的你，感覺很疲累嗎？

應該很多人從一早開始就渾身無力，覺得很累，甚至發呆放空。實際上，根據日本有關「疲累」的調查發現，勞動者當中約有七成感受到「慢性疲累」；因此，在書裡不斷強調「大腦不會覺得累」的我，對你而言或許是個只會說空話的人。但，我說的是事實。

疲累主要分成三種：「身體疲累」、「心理疲累」、「神經疲累」，這三

重整疲累的 3 種恢復法

睡眠　　從感覺方面治癒　　將不安的思緒寫下

種都是確實存在的疲勞感。不過，這三種疲累都不會消耗意志力，照理來說應該是不會降低專注力的；可是，大腦卻把工作後的疲累或運動後的疲勞感誤認成「大腦很累」，然後拒絕進行所有需要專注的事。

爲了解決這狀況，以下兩個重點能當作對抗這種疲累的對策。

第一點，了解「大腦不知累爲何物」的原則。第二點，減少前述三種形成疲勞感的原因，確實的恢復「意志力」。

在本章中，將以減輕三種疲勞及恢復意志力爲重點，介紹能提升專注力的三種恢復法。

睡眠

消除疲累，徹底增
強身體與大腦。

欲將專注力發揮到最大極限，「睡眠」是不可或缺的。

睡眠不足，在腦科學裡被分類爲「輕度前額葉機能障礙」，簡單來說，就像大腦喝醉了。另外，當睡眠時間不到六個小時的時候，屬於慢性睡眠不足，人對外來的刺激或壓力會比平常更敏感，只要聽到一點小聲音就會忍不住轉移焦點，無法繼續專注。

由於自己的注意力焦點無法集中在同一處，因此容易消耗意志力。沒錯，睡眠不足會成爲奪取專注力的要因。從這點來看，和專注力最不合的行爲就是

「熬夜」了。一整晚讀書準備考試、在交報告期限之前的熬夜作業等——「昨天也熬夜了……」「已經二十個小時沒睡了」其實只是在分散專注力，無法交出高品質的成果。

即使以幹勁和毅力辛苦了整個晚上，可惜的是，這些努力都違反了大腦機制。會這麼說，是因爲大腦會忘記這些努力。

根據德國心理學家赫爾曼・艾賓豪斯進行的有名實驗，人類的記憶內容約有四成會在記憶後二十分鐘後忘記，經過一天後，約會忘記七成以上；熬夜準備考試時的讀書內容，有一半都會立刻忘記。另外，睡眠不足會降低專注力，壓縮睡眠時間以努力完成的精神雖能展現出毅力，但卻無法有好成果。

越厲害的人越常睡覺

重要的是，該如何睡出好品質的睡眠？確保適量睡眠時間，不僅能恢復專注力，也是在工作及讀書上展現好成果所不可或缺的。因爲，人腦會在睡覺期間恢復原先狀態，並將當天學習的內容固定在腦中。

在第2章「引擎3——飲食」中，曾提過「大腦即使在睡覺時也會持續工作」。此外，大腦每小時會消耗約五克葡萄糖，睡眠狀態下的消耗量也不變。

究竟我們睡著時，大腦消耗葡萄糖的同時，做了哪些事呢？大致可分成兩種。

第一種，消除疲勞，修補受傷的神經細胞。這時候，只要在白天時實行目前爲止介紹過的「原則」和「引擎」，像鍛鍊肌肉一樣的機制就會在大腦工作、恢復和修補時啓動，慢慢的鍛鍊意志力。

第二種，就是固定記憶。我們醒著活動的期間，大腦會藉由觸聽視嗅味等五種感覺蒐集各種情報，再從蒐集來的情報裡挑選出應該留在記憶中的重要情報或不需要的情報，在外界情報刺激比較少的睡眠時間裡，固定那些記憶。這過程，就是無論多忙都一定要確保睡眠時間的原因。實際上，考上東大的考生們，平均睡眠時間約七小時。雖然他們給人「縮減睡眠時間」來讀書的印象，不過幾乎所有人都過著「規律不熬夜」的生活。

常有成績很好的優秀學生說：「只要上一次課就會了」「一天讀兩至三小時就夠了」；也有那些熱衷參與社團活動，同時還能考上第一志願的文武雙全學生，他們之間的共通點，就是好好睡覺，確保自己有足夠的睡眠時間。因爲好好睡覺，所以學過的都能記住；因爲好好睡覺，所以能恢復讀書時需要的意志力。在本章雖然會介紹三種恢復法，不過三種裡最不可或缺的就是這項「睡眠」！請記住，只有適量的優質睡眠，才能製造出需要的意志力。

順帶一提，睡前記下的內容，因爲少了其他多餘情報的干擾，所以特別容易留在記憶中。如果在睡前滑手機的話，容易將不必要的情報記到大腦裡，因此要隨時注意，讓自己在進入寢室之後能立刻就寢。

究竟要睡幾個小時才夠呢？

能充分恢復意志力的睡眠時間長短因人而異。根據加州大學研究指出，每個人需要的睡眠時間是由基因決定的，大致上能分爲三種。或許在你身邊也有一、兩位每天只需睡三至四小時就能很有精神過一整天的人，他們屬於「短時睡眠者」。雖然這類人並不多，不過他們能在令人驚訝的極短睡眠時間內恢復精神。以歷史人物爲例，拿破崙與愛迪生都是有名的短時睡眠者代表，歷史上曾留下他們以「午睡」來取代晚上睡眠的紀錄。

同樣屬於少數的是沒睡到十小時左右就無法有精神的「長時睡眠者」，他們常被誤解爲「愛偷懶」，不過那是因爲他們有著不久睡就無法恢復精神的體質。屬於這類的歷史人物代表，是物理學家愛因斯坦；據說他總是鎖上房間，在所有人都無法打擾他的狀態下一天睡滿十小時。

短時睡眠者與長時睡眠者的總人數加起來約占全世界人口的兩成，剩下的八成人口都屬於睡七至八小時就能恢復精神的「中時睡眠者」。如果，你也屬於占多數的中時睡眠者，當睡眠時間不滿七小時，那天的判斷力就會和喝醉一樣低。爲了不讓自己在人生抉擇下犯錯，記得要確保自己擁有充足睡眠時間。

中時睡眠者又被稱爲「多變睡眠者」，只有中時睡眠者有別稱，是因爲透過訓練，他們可以改變自己需要的充足睡眠時間量；換句話說，他們是可改變的睡眠者。大部分的多變睡眠者可以透過訓練讓自己需要的睡眠時間壓縮到只需六小時；不過，他們仍無法壓縮到和短時睡眠者一樣。有不少忙碌的商務人士企圖讓自己變得跟短時睡眠者一樣，刻意壓縮睡眠時間，但這種作法只是在勉強自己罷了。比方說，早上通勤搭車時，會不小心在車上張著大大的嘴巴睡著，這就是睡眠時間不夠的象徵。當然，搭電車時感覺到的規律震動及聲音，正好構成讓人昏昏欲睡的節奏，會想睡覺也很自然；不過，若熟睡到坐過站，還是得重新審視一下自己的睡眠時間。

不是越短越好，也不是越長越好，是要找出自己屬於哪一類，並確保適量的睡眠時間。

優質睡眠的關鍵在於「幾點睡覺」

睡眠的基本在於養成「早睡早起」的晨型人生活習慣。

在都市裡生活的我們，覺得熬夜是理所當然，習慣活動到半夜兩、三點的夜貓族並不少。但是，這種生活方式，卻完全無視人類原本的生活節奏。

人類原本就不是夜行性動物。早上起床，在太陽還掛在天上的時候活動；天色漸暗之後移動到安全場所，在夜晚來臨時睡覺，自古以來的生活節奏，深深刻畫在現代人體內。所以，想要有高品質的睡眠，必須先養成早起的習慣（早起的方法就是——早點睡覺），這樣一來，晚上九、十點之後會自然的想睡覺。其實，睡意產生的時間也非常重要，不管你是短時睡眠者、長時睡眠者還是多變睡眠者，想要睡出能恢復專注力的優質睡眠，關鍵就在於「幾點睡覺」！

具體來說，晚上十點至半夜兩點，是否已進入深層睡眠，左右著我們的睡眠品質，這個時段是生長激素分泌最旺盛的黃金時段。提到生長激素，或許有人會認爲它是專屬於發育期的賀爾蒙，但它可以修復受傷細胞，還能消除疲勞，是成人不可或缺的賀爾蒙。例如，紫外線造成的暗斑或皺紋等，修復這些受損肌膚細胞的就是這個生長激素。早睡早起對美容有益的原因，也是因爲能善用生長激素分泌的黃金時段來修復細胞；當然，這個黃金時段裡兼有消除腦部疲勞、修復神經細胞等效果，也能恢復專注力之源——意志力。

促進與妨礙好眠的習慣

即使想「睡出優質睡眠」，但是有睡眠問題的人並不少，例如：很難入睡；這煩惱會出現，大多是因爲在當夜貓子的同時，

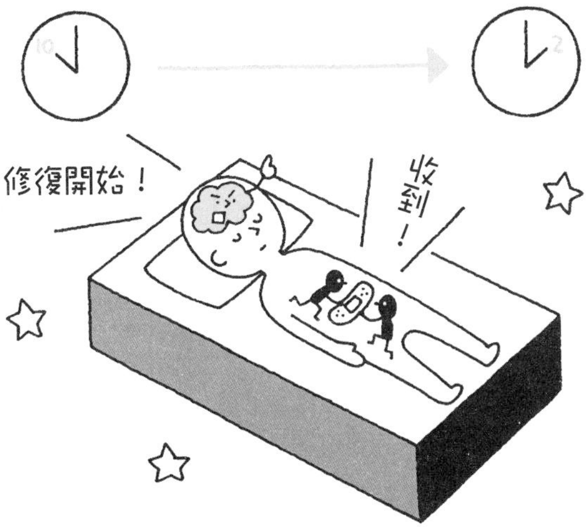

生理時鐘也跟著大亂了。

想把生理時鐘調整好，在體內累積「血清素」是非常重要的。在第2章也提過，血清素能控制壓力、消除不安等，是與專注力有密切關係的神經傳導物質。爲了製造血清素，最好在起床後到上午十點前，來場二〇至三〇分鐘左右的日光浴或散步等輕量運動；接著攝取一些肉、魚、豆漿或納豆等大豆食品或乳製品等富含色胺酸的食物。

其中特別有效的方法，就是早上吃魚。沙丁魚與鯖魚之類的青皮魚裡含有DHA跟EPA等好油，這些油被認爲有重整生理時鐘的效果。早起之後散步二十至三十分鐘，早餐吃味噌湯配烤魚的話，生理時鐘不用說，就連生活節奏都會重整。

另一方面，也有所謂妨礙好眠的「壞習慣」——睡前看手機或電視，因爲液晶螢幕裡的藍光會讓大腦以爲現在是白天，可以的話，睡前兩小時最好避免看手機或電視。

此外，睡前一小時泡澡的話，也有幫助入眠的效果。泡澡之後身體會變暖，

增加血清素的習慣

①攝取青皮魚、香蕉、蛋、雞肉及羊栖菜等食物
②上午晒太陽
③節奏運動（例：爬樓梯、深蹲）
④「笑」「哭」等豐富的情緒表現
⑤自然發音法

使體溫暫時上升；之後，當體溫慢慢下降時，人也會漸漸變睏。配合體溫下降的時間躺在床上準備睡覺的話，自然會產生睡意。因此，睡前兩至三小時吃飯後泡個澡，接著慢慢休息一小時，在這期間內不要看任何會接觸到藍光的東西，如此一來就能提升睡眠品質。順帶一提，第 2 章提過的「靜坐」也有提高睡眠品質的效果。

叫醒人的不是聲音，是「光」

改善生活節奏的同時，一起整理好寢室環境的話，不僅能提高睡眠品質，也能恢復專注力。改善重點在於光和聲音。

都市的夜晚太亮了，從小在鄉下長大的我，對這點特別有感覺。即使關掉房裡的燈，外面的亮光還是會讓房間無法完全變暗。這時候，就裝上「遮光窗簾」吧！想擁有優質睡眠，必須讓自己在睡眠期間不受到任何光的刺激，需要絕對的黑暗。

另一方面，試著不用鬧鐘起床吧！其實，被吵雜聲音叫醒對大腦並不好。動物會被些微的聲音吵醒，是因爲牠們的本能判斷出：「聲音＝敵人來襲」，這本能也被刻印在我們的基因中。所以，會被聲音喚醒只是爲了逃跑求生，並不會讓我們的意識也跟著醒過來。因此，每次被鬧鐘吵醒後總會出現暫時放空的狀態。

想盡可能透過陽光讓自己起床，睡覺時又需要絕對的黑暗，在都市裡生活，就必須得克服這種矛盾。幸好，現在的最新科技可以幫上忙；例如利用智慧型手機或平板電腦操控，就能配合時間開關燈，還能調整光線種類的ＬＥＤ燈具——「hue」，只要運用它的定時功能，燈具就會在一早發出接近自然光的光線，讓人體會到被陽光喚醒的自然起床感受。或使用會在起床時間

前幾分鐘亮燈的鬧鐘，透過亮燈讓人的睡眠狀況變淺，就能達到被光線喚醒的目的。

另外，也有解析睡眠狀態的APP—「Sleep cycle alarm clock」，它會在我們睡眠狀態變淺時喚醒我們，所以能神清氣爽的起床。還有名爲「Sense」的環境感測球，可以檢測房間裡的溫度、溼度、亮度、空氣清淨度、聲音等，並提出打造好眠「環境」的各項建議。

清醒後，記得立刻打開寢室的窗簾，好好的晒一下早晨的陽光。此時體內會分泌血清素，將生理時鐘歸零，大腦與身體都會從夜晚的休息狀態改爲早晨充滿活力的狀態。當然，若不用遮光窗簾就能在晚上保持房間全暗，一早陽光也能直接照進房裡的環境，對提高睡眠品質來說是最爲理想的。

早上神清氣爽的起床，是打造晨型人生活節奏的重要基礎，以結果來看，意志力也能因此好好充電，舒服迎接全新的一天。

漸漸睡著，漸漸起床

有關我的起床和就寢情況，其實都是透過 hue 以光線來喚醒自己。因爲住家外的公共區域正好有個小庭園，所以起床後，我會在那裡邊走邊讀書，或是邊曬太陽邊拉筋。

另外，我對於就寢前的光線也有所堅持。我絕對不會在洗澡後接觸藍光，房間裡的光線也會隨著時間漸漸變暗；這時候，hue 的調光功能就派上用場，它會配合時間漸漸減低亮度與彩度，使大腦和身體自然進入準備就寢的狀態。

漸漸調低亮度，做好就寢準備。

就算家裡沒有 hue，也可以改用氪氣燈泡之類的間接照明燈來取代一般日光燈。

爲了應付無論如何都要在晚上使用電腦或智慧型手機的情況，我會在電腦裡安裝「f.lux」的應用程式，它能隔絕電腦螢幕產生的藍光，並根據你的所在地時間，將電腦光線調整到接近自然光的狀態（iPhone 也有類似此功能的 Night Shift）。

我都是像這樣控制光線，營造出能提升專注力的睡眠。

十五分鐘午睡可比三小時熟睡

想在白天恢復意志力，我最推薦名為有效午睡（Power nap）的短暫睡眠法。有效午睡與躺在床上睡午覺不同，只要閉上眼睛不動，就能透過這種休息消除疲勞及睡意，是種有效的恢復大腦法。十五至二十分鐘的有效午睡效果相當於晚上三小時的睡眠，期間恢復的專注力和注意力將持續一百五十分鐘。

有效午睡最大的好處，在於它能在辦公室桌上直接實行，而且短時間內即能有效率的恢復意志力。這方法會這麼有效的祕密，建立在人類睡眠基礎的「超晝夜節律」上。我們的睡眠是由九十分鐘的深層睡眠，以及二十分鐘的

淺層睡眠組成的，有效午睡就是透過二十分鐘的淺眠讓大腦產生錯覺，藉此快速恢復意志力。這就是「睡眠」和「有效午睡」的不同。

美國 Google、Nike、Apple、NASA 都已引進這種午睡模式，並認可它所帶來的效果。澳洲維多利亞州的交通事故對策委員會也極力推廣有效午睡，希望藉此減少駕駛人因疲勞發生事故的機率。

日本也有企業認爲恢復精神與工作效率有其關聯性，因此制定了「有效午睡制度」，只要告訴周遭同事自己正在「有效午睡」，即使在工作時間內也能進行十五至二十分鐘的有效午睡。假設午睡中有客戶打電話過來，同事們也不會因此吵醒他，反而會請對方二十分鐘後再打過來。

進行有效午睡時，最好是在不開燈的房間裡橫躺，然後閉上眼睛慢慢呼吸。不過，坐在椅子上閉著眼睛，以手臂當枕頭趴著慢慢呼吸的話，也能得到相同效果。大家一定都有在學校上課時不小心趴在桌上睡著的經驗，只要以那種姿勢閉眼並調慢呼吸的話，就成了有效午睡的狀態。

因此，只要利用午休結束前的二十分鐘，就能簡單的在公司裡進行有效午睡；容易被周遭聲音或光線影響的人，可以先準備好耳塞或眼罩。另外，市面上也有販售可以把手臂伸進枕頭裡的臂枕，可以的話，請活用這些物品，找出最適合自己的有效午睡法。

如果有人不小心在有效午睡時完全睡著，甚至超過二十分鐘的話，與其打斷他的深層睡眠，不如讓他完成整個睡眠循環，睡滿九十分鐘之後再叫醒他，會讓他的精神更好。

對我這種常常獨自工作的人來說，有效午睡的休息方式實在很舒服，總會不小心想乾脆就這樣睡著；但是，這時候一定要忍耐，好好設定好時間讓自己在二十分鐘內結束。會這麼嚴格要求，也是因爲目前已有數據顯示：睡到三九分鐘的話，反而容易分散專注力和注意力。所以一定要謹守十五至二十分鐘的原則，好好運用有效午睡。

＼結論／

越成功的人越常睡覺！為了不讓疲勞留到明天，晚上十點至半夜兩點間一定要休息。

恢復法 2

先治癒感覺

將誤認成腦部疲累的「疲倦感」歸零！

你應該曾有過在工作或讀書時，感覺到「大腦累了」的經驗吧？然後，覺得因爲大腦累了所以專注力才會下降的人或許也不少。可是，最新的腦科學研究卻指出「大腦不會累」。實際上，我們感受到的疲倦並非來自大腦，而是來自於身體的其他部分，那些部分具體而言指的是神經和肌肉，尤其眼睛有許多神經保持在專注狀態，眼睛的疲倦最常讓我們錯認爲是「大腦的疲倦」。

話雖如此，身體各部位的疲倦，的確和降低專注力與記憶力有關。換句話說，只要消除眼睛的疲倦，就能找回專注力。

「腦」的疲倦＝「眼睛」的疲倦

心理學家常說「眼睛是心靈之窗」，表示只要看著對方的眼睛，即可看見他的內心。對於讀心師而言，我們時時刻刻都在注意「人們眼睛的動作」。因爲，眼睛的動作會透漏出對方的思考內容與心理狀態。

例如：談生意時，若對方看起來好像正在聽我們說的內容，眼神卻不時左顧右盼，代表對方正想著與現在完全無關的事。相反的，當對方聽你說話時注視著你的眼睛，有時附和你說的話並點頭，表示對方正在認眞聽你說話，同時思考你所說的內容。

舉一個能讓大家更好理解的例子。當我們專注在「看、聽、學」等吸收資訊作業時，眼睛幾乎不太有動作；相反的，當我們在思考事情，或是在群衆面前發表等釋出資訊作業的時候，眼睛會動到幾乎靜不下來。

究竟爲什麼眼睛會被稱爲「心靈之窗」，它的一舉一動甚至可以反映出當下心理狀態呢？因爲，眼睛是直接連結大腦的特殊器官。自大腦延伸出來的末梢神經稱爲腦神經，一共分爲十二種；其中四分之一，也就是三叉神經、視神經、動眼神經等三條神經與眼睛連結。特別的是，視神經和動眼神經並未經由其他器官，而是直接與大腦相連的。因此，全身上下唯一和大腦透過腦神經直接相連的器官，就是眼睛。單憑這點，即可得知：眼睛是我們體內的特殊器官，甚至有大腦分公司之稱。實際上，大腦處理的情報裡，有八成都來自視覺。

回想工作時的自己或讀書時的自己，你應該也察覺到自己有多折磨自己的眼睛了吧。

工作時會長時間盯著電腦裡密密麻麻的小字，在休息時間裡看智慧型手機，或是開會時細讀會議資料；應考時期則是熟讀參考書、狂寫考古題，休息時間就改玩手機遊戲紓解壓力……不管是哪個行爲，現代人的生活總是過度使用眼睛。於是，當我們用眼睛用的越久，進入大腦裡的情報

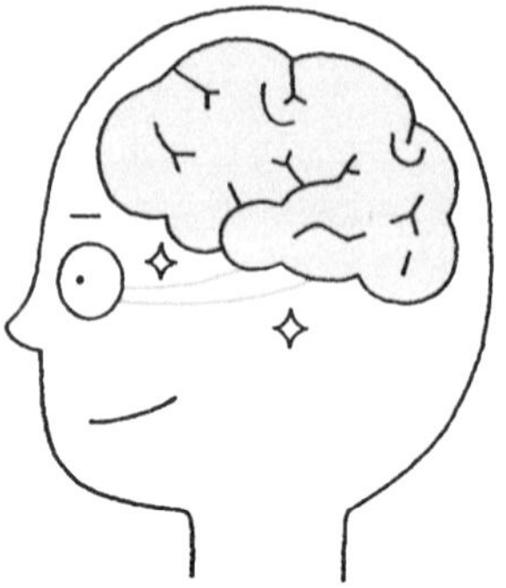

眼睛和大腦是直接相連的。

量就越多，光是從大量情報裡挑選出需要的情報就消耗了不少意志力。

疲倦的真面目——眼部周圍肌肉痠痛

另一方面，眼睛疲倦和專注力低落也有直接關係。

像是長時間使用電腦，久盯著螢幕看之後，眼前的景象有時會變得模糊，大腦也絲毫無法思考，相信許多人都有過這種經驗吧。即使再有幹勁，只要眼睛一累，人就無法專注。這並不是因為大腦疲倦，是因為蒐集情報的眼睛開始疲倦，無法繼續專注下去，才會妨礙人進行所有作業。

換個角度來看，只要能適當的恢復眼睛狀態，並消除眼睛疲勞的話，就能延續專注力。換句話說，消除眼睛疲勞對恢復專注力是非常有效的。

「眼部肌肉緊繃」是造成眼睛疲勞的原因之一。眼球是被稱為眼外肌的六條肌肉支撐著，只要一直看電腦或智慧型手機，或是一直讀書等長時間不會動到眼球的行為，眼睛就會不斷累積疲勞。另外，「睫狀肌」主要功能為調節水晶體厚度，使眼睛聚焦的肌肉，但只要持續近距離看東西的話，也會讓睫狀肌感到疲勞。

具體來說，當出現覺得眼皮有點重、眼睛痠澀有點痛、視線變得模糊或是眼睛變紅等症狀，都得要特別小心注意，有可能會因爲眼睛疲勞，而妨礙專注力持續。

想消除眼睛疲勞，要先從舒緩肌肉緊繃開始。

消除眼睛疲勞的三個舒緩法

在這裡要介紹三種在辦公室或教室裡能立刻進行的舒緩法。

熱敷

「熱敷眼睛」可以協助改善眼睛周邊肌肉的血流狀況。當血液循環變好，肌肉所需的能量就能順利的送往肌肉，同時排出疲勞物質，達到減輕眼部疲勞的目的。

只要用微波爐將溼毛巾加溫，或是用能在藥局等地方買到的溫熱眼罩，放在眼睛上熱敷約五分鐘，就能減輕疲勞、乾澀等症狀。

伸展

有許多方法可以「伸展眼部肌肉」。首先以下列動作代替暖身：先用力閉起眼睛，再一下子大大睜開眼睛，來回重複幾次之後，接著讓眼球分別往上下左右慢慢轉動，大約重複三次；最後讓眼球往右轉一圈，再往左轉一圈，感覺像用眼球畫圓一樣慢慢轉動。結束後，不僅眼部肌肉能因此紓緩並消除疲勞，還能藉由眨眼睛使乾燥的眼球恢復潤澤。

另外，特別推薦「看遠方」來伸展眼部肌肉的紓緩法，給常用電腦或智慧型手機，讓眼睛長時間聚焦在近距離物品上的人。

先看距離眼睛大約三公尺左右的目標物，再將視線轉移到離眼睛三十公分的近物上，重複這動作約二十次。這樣一來，能減輕睫狀肌所產生疲憊感。

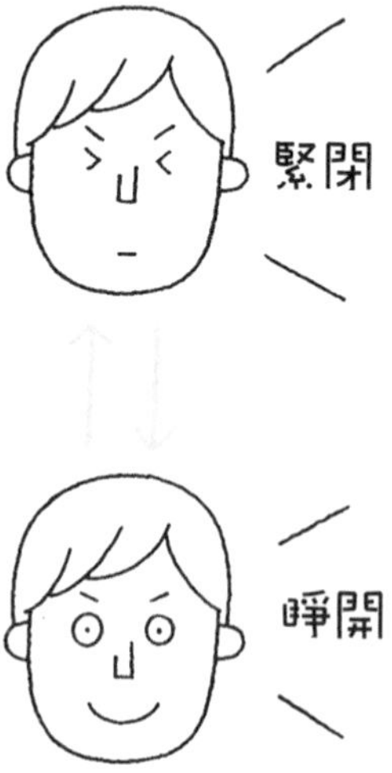

休息

「讓眼睛休息」最有效的方法就是待在全黑的環境裡，隔絕一切視覺可接收的情報。即使只隔絕短短的五分鐘，效果會比點眼藥水或是眼部按摩還要顯著。

可以閉上眼睛，戴上厚眼罩之後來場五至十分鐘的有效午睡；或是透過瑜伽裡常出現的「蓋掌」（palming）動作，也能得到很好的效果。「蓋掌」指的是合掌摩擦溫熱掌心後，將手掌微彎做出凹槽，掌心對準眼皮覆蓋在閉著的眼睛上；接著併攏指間，讓光無法透過，然後慢慢張開眼睛，在手掌營造出的黑暗裡凝視一分鐘的方法。

腦科學研究裡也發現，不管時間多短，只要隔絕視覺情報就能獲得類似睡覺時整理、固定記憶般的效果。有空就多利用眼罩或蓋掌讓自己凝視黑暗吧！

刺激嗅覺，恢復意志力

消除眼部疲勞之後，來透過鼻子（嗅覺）恢復意志力吧！

一走進購物中心就聞到一股清爽的香味，然後想起「啊，我以前來過這裡」，心情也跟著安定下來；只要聞到老家常用的衣物柔軟精味道就會格外放鬆；擦肩而過的異性身上飄出的香水或香皂味會想起某個人……諸如此類的經驗，都顯示出氣味會大大影響人類的記憶和情緒。

透過鼻子聞到的氣味情報，是由大腦邊緣系統處理；掌控情緒的邊緣系統會依據嗅覺傳來的氣味，觸發某種情緒、行動或喚起某段記憶。此外，邊緣系統會傳遞訊息至下視丘，使賀爾蒙分泌，促進血流並增加血氧含量等，調整各器官的機能作用。

所謂的芳香療法，就是著重氣味與大腦間的關係，並藉由嗅覺傳遞特定氣味到大腦，達到放鬆、消除疲勞與壓力等效果的方法。當然，有很多種氣味都被認爲能透過此作用機制達到以上效果，同時能協助恢復意志力。

在這裡，我要介紹我特別推薦，自己也常隨身帶在身上的三種氣味。

迷迭香

可促進流至大腦的血流，協助恢復意志力。

專注力低落時，流往大腦的血流也會跟著減弱；不過，迷迭香的香氣可改善血流狀況，然後恢復意志力，最簡單的用法，就是滴幾滴芳香療法的專用精油在面紙上。另外，迷迭香被認爲能協助改善記憶力，因此也被應用在改善失智症症狀的療程中。

薄荷

清爽的香氣可讓人恢復精神，提升敏捷度與專注力。

各種實驗中都證實了薄荷含有提神醒腦的效果，可以改善因工作或讀書引起的睡意。雖然薄荷精油用起來很方便，但是若能在休息時間裡泡一杯暖身的薄荷茶來喝，不但能放鬆身心，還可以恢復專注力。

肉桂

可提升大腦辨識能力與記憶力。

將食品賣場裡賣的肉桂棒隨身帶著，只要在工作場合或學校裡想專注的時候，就拿起來聞一下吧。此外，也很推薦在早餐的咖啡或麥片裡加點肉桂粉，讓自己能夠聞到肉桂香氣。

只要在片刻休息時間裡活用氣味，想必大家都能感受到疲勞逐漸遠離自己，專注力正在慢慢恢復中。請試著在讀書或工作間運用這些氣味吧。

結論

眼睛是連結大腦的重要器官。感到疲倦前先關掉自己的視覺管道五分鐘，找回專注力吧。

3

寫下不安

重整工作記憶，在場上發揮本領。

你曾經有過「心裡有疙瘩」的經驗嗎？明明是去房間裡拿書，卻因爲地板上的汙漬忍不住拿起吸塵器來打掃房間，結果忘了自己一開始進房間的目的；明明是來超市買燈泡，卻在特賣品專區逛到忘我，結果忘了買燈泡，反而買了一堆打折零食回家；邊看雜誌邊跟朋友閒聊，結果忘了剛剛看的電影裡的主角名字。

其實，這些狀況都和被稱爲第三記憶的「工作記憶」有關。

記憶區分成：記住最近發生的事——短期記憶，以及記得以前的事——長期記憶。不過，若只有這兩種記憶的話，似乎會對生活帶來些許不便，這時候，就是能暫時保存情報的「工作記憶」發揮本領的時候。工作記憶，指的是以某目的進行動作時使用的記憶力。

例如：心算算錢的時候，在腦中會出現「全部一萬兩千九百元，三個人來分的話，一個人四千三百元」的計算過程。簡單來說，暫時記住出現的「一萬兩千九百元」「三個人」「四千三百元」等資訊的，就是工作記憶。

另外，因爲工作記憶能記住「來自對方的問題內容」，所以跟眼前的人講話時，我們才得以流暢的回答對方問題。換句話說，工作和讀書的時候，我們也常藉助工作記憶的力量來處理資訊。但是，工作記憶跟意志力一樣，不僅強弱因人而異，還有一定的容量限制。如果同時進行多項行動，或是一直反覆下決定的話，記不住的東西會越變越多；接著，人會變得容易放空，連判斷力都下降，甚至無法好好專注思考一件事。這時代表工作記憶容量已滿，或是正處於專注力低落的狀態中。

把壓力轉化為專注力的方法

芝加哥大學的心理學家翔恩．貝洛克教授曾做過有關工作記憶的有趣實驗，目的是爲了證實：在考試前寫下不安的話，可以增加更多工作記憶空間來處理考試題目。

教授們請二十名大學生作爲受試者接受兩次數學測驗。第一次測驗時只是簡單的跟他們說：「盡你所能去寫」；第二次測驗時，就在測驗前加了不少「壓力」給他們——「成績好的人有獎金」「成績不好的話，同組的人要負連帶責任接受處罰」「考試的過程都有錄影，數學老師會全程盯著看」等。

然後，在第二次測驗前，請一半學生花十分鐘寫下「對考試的不安」，另一半學生就只是安靜坐著十分鐘。結果，在考前靜坐的學生們在第二次測驗中的答對率，比第一次少了十二％；另一方面，在考前寫下不安的學生們的答對率比第一次多了五％。

之後，貝洛克教授與其他教授還在別項實驗中證明了：並不是「在紙上寫東西」的行爲本身有緩解緊張的效果，效果是來自於「寫出對考試的不安」的行爲。

爲什麼「寫出對考試的不安」會提升成績呢?理由就在工作記憶上。當我們感受到壓力,對考試極度不安時,工作記憶就會被這些擔心與不安占滿了所有容量,無法去處理其他事。但是,如果將這些擔心與不安寫在紙上,它們就會被排除在工作記憶之外,空下來的工作記憶得以重整狀態,騰出更多空間給其他要處理的事。

貝洛克教授與其他教授們指出,正式上場前因壓力太大而無法發揮實力的人,只要在上場之前將心中的不安寫出來,就能讓表現變得更加完美。換句話說,寫下自己不安的心情,能使思緒更爲清晰、更能發揮專注力。這個方法不單能應用在讀書考試上,也可以運用在向客戶提案、在重要場合演講時,或是

在求職面試這類會倍感壓力的情況，必定能派上用場。

遇到緊要關頭想發揮專注力的話，就動動手，將在心中所有的不安全寫在紙上吧！

休息後，立刻恢復專注狀態的方法

介紹完了「動手消除不安」的方法後，最後要介紹的也是只需要動手，就可在休息後立刻找回專注力的有效方法。

只要在一開始的五分鐘能專注，專注狀態就能延續下去。換句話說，休息後的第一個動作最爲重要！只要在此刻一鼓作氣投入工作或讀書的話，之後的專注狀態也能維持在一定程度之上。相反的，如果沉溺於休息模式，懶散的開始工作或讀書的話，最終容易陷入「想做卻做不了」的狀態，不但表現變差，還會留下「今日諸事不順」般遺憾的結果。

專注狀態，影響之後重要表現的發展。此時，讓人能順利投入專注狀態的技巧，就是「從簡單的作業或自己會解的問題開始著手」。自己重新投入工作最初的那五分鐘，請處理那些較爲簡單的任務，或是不需要太深入思考就能完成的工作，並保持一定節奏來處理它們。

在我求學的過程中，我會在讀書一開始的五分鐘內複習以前讀過的內容，或是練習簡單的計算問題，像是簡單的加法、乘法問題，或是當時流行的鍛鍊腦力題目等，藉由這些不須動腦就能解決的問題來活化大腦。如果一開始就處理難度很高的題目或是很難的任務，專注力消耗殆盡的速度會加快！所以將這些內容移到後面再處理，先從簡單的事情開始慢慢著手吧。

重點在於，開始作業的前五分鐘內來處理那些很簡單、不須思考太多的事情，而且處理過程中保持一定的節奏，這點尤其在面對不拿手的事情時特別有效果，例如：企畫書做得不好或是不擅長讀書的時候。一開始先從簡單的事情開始著手，掌握一定的做事節奏後，不擅長的感覺也會跟著減弱，同時維持自信心和專注力。

順帶一提，現在我在讀書或工作前，也會透過智慧型手機裡的應用程式來算加法問題或練習寫漢字，當作正式投入作業前的暖身。

若在工作場合的話，可以先處理書面資料影印，或是寫好用統一格式就能回覆的信件內容等，先從桌上的簡單作業開始下手就好，接著慢慢開始處理需要創意的工作，如此一定能毫不費力的進入專注狀態。

\ 結論 /

專注力是用「手」打造出來的。寫下負面情緒，創造出不輸給壓力的大腦。

第 4 章

自然培養出專注力的5 項時間術

只要改變工作時間，就能提升表現

在商場上裡有句格言：「最重要的工作，要交給最忙的人。」這是因爲越是專注於工作的大忙人，越能掌握有效率工作的訣竅，所以被認爲「擅長同時處理多項業務」。

這些人在忙碌於處理多項業務的同時，不知不覺其處理能力也跟著提升，對於處理順序的安排越來越上手，而且能交出一定水準的成果，所以更受周遭人們的信賴。之後，被託付的工作也會越來越多，一步步進入良性工作循環中。

像他們一樣「被託付重要工作的人」都有個共通點，那就是本章裡將會介

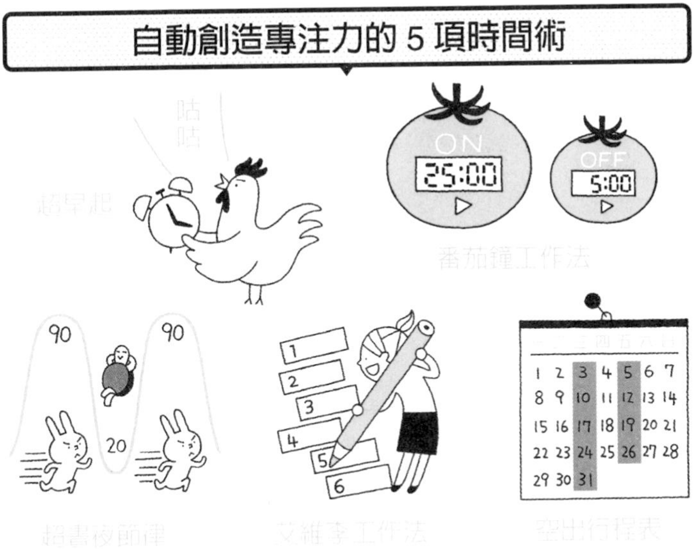

紹的「時間用法」。其實，他們運用自己超群的自制力，常常將自己逼進「時間不夠了」「可是不做不行」等狀況，接著創造出短時間也能處理眾多業務的專注力。

這項「自動創造專注力的時間術」即使是沒才能的人也可以透過訓練習得，因爲要怎麼分配每個人都有的二十四小時，是由自己決定的。

時間術 1

超早起

在上午完成所有人生中重要的事。

維珍集團創辦人兼冒險家理查・布蘭森、蘋果電腦CEO提姆・庫克、星巴克CEO霍華・舒茲、亞馬遜創辦人傑夫・貝佐斯、雅虎CEO梅莉莎・梅爾、新聞網站哈芬登郵報創辦人阿瑞安娜・哈芬登等特別優秀的大人物都有個共通點——早起！其中庫克跟舒茲更是以每天凌晨四點起床聞名。此外，布蘭森被問到早起的理由時，他回答：「這世上有太多好玩的事了，讓我興奮到睡不著覺。」不管前天晚上做了些什麼事，他一定會在凌晨五點起床。

究竟，他們爲什麼比其他人早起，並且如此珍惜早上的時光呢？這個問題的答案，果然還是藏在專注力裡。

根據腦科學研究指出，大腦在早上起床後的兩小時以內，最能發揮創造力。這些大人物爲了完整活用這精華的兩個小時，特別在不會受到家人或員工打擾的清晨起床，然後將睡覺時恢復的意志力運用在構思創意點子上。換句話說，正因爲他們了解專注力的機制作用，所以才會在大腦最清爽的清晨度過屬於自己的時間。

可惜的是，世界上大部分的人都不了解早上兩小時的珍貴價値，時間就這麼白費掉了。因爲想著「即使多睡五分鐘也好」，所以上班、上學時都睡到快來不及，然後在吵雜的鬧鐘聲中起床，手忙腳亂的準備出門，連早餐都沒有好好吃。

住在都市裡的人常常在上學或上班路上遇到通勤尖峰，因此明明是構思創意好點子的黃金時段，卻被迫用來擠電車或公車，忙著在擁擠的車廂中替自己找個立足點；然後帶著與運動截然不同的滿身大汗，到公司或學校之後立刻面對一成不變的課程及工作。結果，在學習和工作等需要發揮創造力或專注力的時候，因爲耗費太多意志力，導致完全無法專注其中；接著開始陷入「我很容易累，專注力很低」等自我否定的狀態裡，眞的非常可惜。

把握早上的精華時段

專注力最高的兩小時早晨時光裡，有特別重要的三十分鐘——就是睡眠充足且吃完早餐後的三十分鐘！這個精華時段，是一天裡最能專注在事物上，並且自制力最高的時段。如果，你想開始接觸新事物，或是爲了改變人生想好好讀書的話，一定要有效率的運用這個時段。

想好好運用這時段，最需要的果然還是早起。即使無法像先前提到的那些優秀大人物一樣早起，至少也要將早餐後的三十分鐘至一小時空下來留給自己。實際上，能發揮專注力和自制力的顛峰時刻是早上，在這之後都會隨著時間逐漸下降。

一天裡擁有最棒專注力的精華時段中，著手一些有助於將來發展的學習或訓練以充實自我，是對自己最棒的一種投資。像這樣活用短時間確實的學習，比起晚上工作後回到家以疲勞狀態挑戰新事物還容易達成目標。

假設你是八點出門的話，那就在六點起床吧！吃完早餐後，利用六點半至七點半的一小時時間，做些自己的事，試著像這樣養成習慣吧！

只要每天早上能有一小時的專心時間，一年下來就有三百六十五個小時（等同於十五天），只要持續早起，就能獲得整整兩週的創意發揮時間，像這樣累積起來的想法或體驗，應該能在不遠的將來化作傲人的成果來回報自己。

另外，早餐後三十分鐘的高專注力狀態，目前已知能持續約四小時。所以，六點起床的人，大概在十一點以前的這段時間內處理動腦工作最好；到了下午，意志力會逐漸流失，變得越來越難發揮創意或專注力。當然，先前介紹的有效午睡能暫時改善這狀況，不過仍遠遠不及早上的精華時刻。換個方向思考，這個情形也證明了睡眠時間對專注力來說有多麼重要。

配合意志力多寡，一天內最理想的行動流程爲——不拘小節的「下重要抉擇」→「創意作業」→「單純作業」。

戒掉夜貓子生活吧

根據美國研究指出，在經濟或社會上成功的人，睡眠時間比一般人還長，平均時間約八小時，而一般人約爲六小時，兩者之間差了約兩個小時。

事實上，每天凌晨四點半起床的蘋果電腦 CEO 庫克曾說過，每天一定會讓自己睡到七小時；而同樣在四點半起床的星巴克 CEO 舒茲，則提倡睡眠時間要到八小時。

為什麼社會上成功的人反而睡的比較久呢？因為越是需要高專注力來作業的人，越需要更多時間來完整恢復意志力。不過，四點半起床的人若要睡到八小時，得在晚上八點半睡覺才行，這對一般人來說，是屬於非常早睡的時間。但是，從人體活動的生理時鐘「晝夜節律」來看，這種就寢時間是非常理想的活動循環。

所謂晝夜節律，是從原始時期至今，由哺乳類遵行的「日出而作，日落而息，夜深就寢」的活動循環發展出的生理節奏。我們身體裡的各項生理機能都是配合晝夜節律來運作的。例如下午五點是心臟等循環系統器官一天內效率最高、最有活力的時候；上午十點時認知能力最高，讓人容易進入專注狀態，所以這時候不讀書的話真的非常可惜。

或許大家平時不太會去注意，不過，像是出國旅遊的調時差問題也是因為晝夜節律失衡才出現的症狀。明明睡眠夠充足，不過起床之後發現外面天還是暗的，會開始出現有點睡眠不足的錯覺，然後腦袋自然放空，也無法消除疲勞。這些狀況，是因爲晝夜節律失衡，身體機能無法正常運作所造成的。

晚上八點就寢、四點半起床的成功社會人士的生活型態，看起來或許有些極端，不過對身體來說卻是最適當的節律。反倒是加班到深夜，隔天早上睡回籠覺睡到出門前最後一刻的生活型態，就像是每天都在調時差一樣，白天理所當然的會覺得很睏，專注力也無法持續，感覺身體很沉重不想活動。

已經感受到這些狀態不佳的情況，卻仍舊持續夜貓子生活的話，生理時鐘會失衡，接著出現失眠症狀。明明很睏但睡不著，或是變得很淺眠，些許風吹草動就會把自己吵醒。而且因爲睡眠始終呈現不足狀態，所以會變得很難起床，起床時間也會跟著變晚，早上的精華時段當然無法悠閒的度過，還會深陷白天就被強烈睡意襲擊的惡性循環中。

一早必須採取的七種行動

究竟，該如何度過早上時光才能創造出專注力呢？

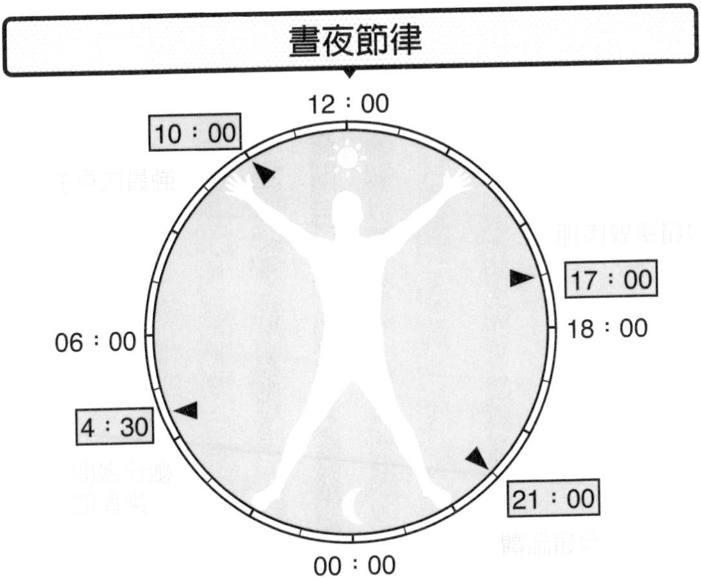

　　那些每天被迫做下高難度抉擇的成功人士，他們的共通點除了早起外，還有一項共通行爲——早起後，會盡可能的活動身體，讓自己留點小汗，像是慢跑、走路、伸展或游泳等。他們在早起後屬於自己的兩小時內，以十五分鐘左右的運動活化大腦，進一步提升專注力。

　　我熟讀這些實踐早起者的實際例子及腦科學相關研究書籍後，加上自己對心理層面的知識，整理出無論是誰都能創造出專注力的——「一早必須採取的七種行動」。

①早起，吃早餐。

②透過綠色運動等活動方式，讓自己晒點太陽並流汗。

③接觸會提高動力的話題、話語或詩。

④每天在筆記本或電腦裡寫下一句對幸福日常生活的感謝。

⑤每天問自己：「如果今天是人生的最後一天，我想做什麼？」

⑥十分鐘內做好當天的行程計畫。

⑦靜坐一下。

先前已提過①和②的早起與運動，以及⑦的靜坐效果，它們能驅動前額葉，提高專注力；③和④的吸收正能量和正向筆記是重整心靈的催化劑；晒晒晨陽可以促進大腦分泌有幸福賀爾蒙之稱的血清素，吸收正能量之類的行爲能催化此反應，使分泌效率變高，藉此消除感受到的壓力，開始樂觀嶄新的一天。

早上花十分鐘，一整天都超有效率

⑤與⑥是長期和短期的計畫安排，早起之後是頭腦思考最清晰的時候，這時候問自己：「如果今天是人生的最後一天，我想做什麼？」這樣說也許有點誇張，不過可藉此構思出之後的人生目標。如果腦中沒有浮現任何一件想做的事，那就先從「自己不想做的事」「之後完全沒有打算做的事」開始釐清吧！單單做到這點，即能減少許多不必要的抉擇，同時減少意志力浪費。另外，在早上神清氣爽的狀態下規畫當天行程，也是欲充實當天生活必採取的行動。

假設當天工作幾乎都在和客戶見面，時段區隔也較明顯，不易產生猶豫的餘地。不過，大部分的人工作時間主要都在處理時間和順序不定的桌上作業，像是突如其來的會議、在走廊上站著談話或來自顧客的抱怨等，在處理這些意料之外的事情時，常常會讓那一整天淪為「不知道自己究竟完成哪些事」的莫名其妙的一天。長期看來，這些流失的時間和專注力，對我們都是極大的損失。

為了防止這種狀況發生，每天早上空出十分鐘來思考當天的預定行程計畫吧！到公司之後最先著手的工作是什麼？幾點前要處理完成？接下來要處理的是什麼？在這段不易被情緒影響判斷的早晨時間裡，做好自我掌握當天時間的準備。因爲可預先推算需要花費的時間有多久，從結果上來看，確實能減少那些加班等不必要的時間，也能因此早點回家，慢慢培養早睡早起的習慣。

每天讀二十本書，我的時間分配法

對我來說，早上是重要的吸收時間，我會在此時閱讀全新類別的書，或是坐在書桌前專注的在筆記本寫下新點子等。中午，基本上是輸出作業時間；開會、演講或媒體活動等跟許多人見面並闡述自己想法的事，都算是輸出作業。同時，在這時間內也會做「複習」，將早上吸收的那些知識固定在大腦裡；像是模糊記住的專業知識在複習筆記之後，透過開會談話的時間，將那些專業知識和自己學會的其他知識連結在一起，好好的將它記到腦袋中。

相信大家在企畫發表後，對這案子了解會比製作發表用的資料時更深刻，這是因專注吸收資訊之後，會透過與周邊人對話的刺激，讓記憶固定在腦中。

爲了讓自己活用此機制並習慣，盡量在早上的精華時段裡專注於吸收資訊或構思創意點子吧，這些努力會在中午的工作時間裡透過與人之間的對話變得更明確。若是工作時獨自作業較多的人，可以活用午休時間，跟同事分享新點子或知識，只要能完成這個作業循環，你就能比身邊的人更有效率的運用時間。

晚上，是複習的時間。經過一整天在公司、學校或補習班的努力之後，無論是誰都消耗了不少意志力，就連運用有效午睡和靜坐企圖在下午恢復意志力的我，到了一日的尾聲時，專注力也是會低落。所以，晚上就來讀一些自己有興趣的書增進知識，或是重新翻閱自己寫下創意點子的筆記本，觀賞與工作完全無關的影片等，幫自己轉換心情。

透過早起，找回掌控人生的感覺

夜晚幾乎沒有太多能拿來挑戰新事物的意志力跟專注力，不適合用來處理帶回家的工作，或學習新事物。尤其是在構思企畫案或新點子等需要創意的

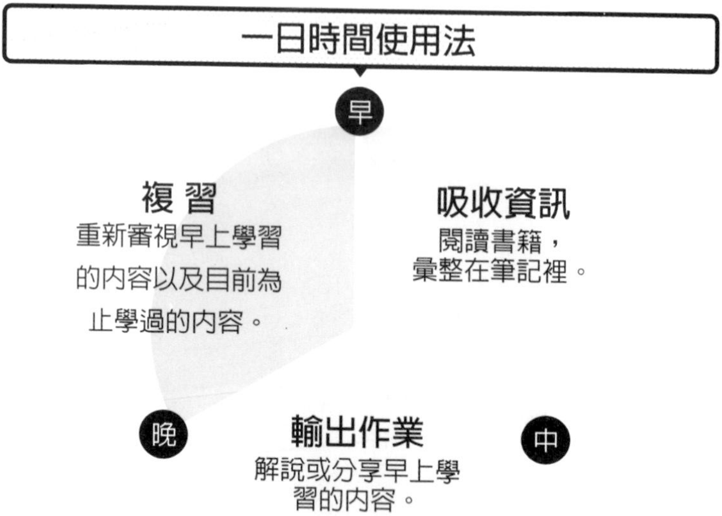
一日時間使用法
早
吸收資訊
閱讀書籍，
彙整在筆記裡。
中
輸出作業
解說或分享早上學習的內容。
晚
複習
重新審視早上學習的內容以及目前為止學過的內容。

工作結束後，想回家再加把勁更是難上加難。

不過，夜晚是個適合安靜複習的時段。講得極端一點，最好在心中決定：「下午五點後，就不再專注！」「工作進度、讀書進度緩慢的人」之間的共通點就是——完全不設任何期限，習慣將事情延到之後再做。

專注力在晚上特別低落，即使在這時段學習，也很難得到任何成果。另一方面，在睡前看到的資訊反而比較容易留在記憶中。因此，晚上就拿來複習，而需要專注力吸收資訊等行動，就放在早上進行吧！

簡單來說，完整活用專注力的一日時間使用法，分成以下階段：

①早上是吸收資訊的時間。

②中午是輸出作業的時間。

③晚上是複習、固定記憶的時間。

試著每天重複這三個階段，將這機制內化在心裡吧，必須要在上午完成所有關於人生的重要抉擇，以及和升官有關的判斷之類的事！在這段最具創造力的時間，大部分的人卻耗費在通勤上，真的非常可惜。所以，請大家務必養成早起生活型態！

結論

起床之後的兩小時，是最具生產力的顛峰時刻。早上別被任何人打擾，專心面對人生的各項任務吧！

時間術
2

番茄鐘工作法

重複三十分鐘循環，
換取最棒的成果。

在「時間術 1——超早起」裡，介紹了控制一整天大略的時間流程，進而創造出專注力的方法。在這之後提到的時間術 2 至 5 中，會介紹更小的時間單位用法，同時能維持並絲毫不浪費專注力的方法。

「番茄鐘工作法」（Pomodoro Technique），特別適合那些正苦惱自己無法長時間持續專注的人，內容是：重複「專注二十五分鐘→休息五分鐘」的循環。這個方法是由作家弗朗西斯科．西里洛構思出來的，「Pomodoro」是以他在學生時代愛用的番茄型廚房計時器爲靈感定的名稱。

這個方法的理論非常簡單，將要進行的任務以較短的時間單位切割成若干段，並在每個時段間添加五分鐘的休息時間而已。這樣一來，不只能完成不花時間就能進入專注狀態的訓練，持續進行這循環的話，還可強化專注力與注意力。

利用一般的計時器、廚房計時器或手機的鬧鐘功能來切割時間，在「還想多做一點」的時候強迫進入休息時間，可藉此提高專注力。如果覺得「二十五分鐘還是太久」，也可以改成專注十五分鐘後休息三分鐘。無論設定十五或二十五分鐘，都能在對任務內容感到厭煩前迫使人休息，並順利的在重新處理時立刻回到專注狀態。

二十五分鐘內，能專注的只有一件事

這狀況在心理學裡被稱爲「期限效果」或「截止日效果」，時間切得越短越容易管理工作進度，專注力也會跟著增加。阿德勒心理學提倡「活在當下」，不被過去或未來的事情困惑，若能一心一意專注在眼前的作業裡，人就能發揮原有的最大力量。比方說，在健身房裡訓練時，只要想著「只有這次機會」的話，平常舉不起來的重量也能輕易舉起。

還有，這二十五分鐘的時間內，請只專注在「一件事情」上。只要想著「這二十五分鐘裡只要做這些就好」，就不會去思考其他的事，也不會感到迷惘。

所謂「專注」，就是「只注目現在正在做的事」。只要謹守「不做其他事」「不換別件事來做」的規則，專注力必定會提升。但是，若想著「今天能工作的時間有八小時」，接著開始思考「要做這個，也要做那個」的話，就會開始喪失專注力，工作進度也會跟著失控。

因此，導入看似毫無用處的三分鐘或五分鐘休息時間來中斷作業，接著在十五分鐘或二十五分鐘的專注時間內一口氣處理完所有的事，這種作法的工作效率會更好。另外，當自己慢慢開始習慣專注和休息的節奏，並致力於做出成果的話，專注力的持續時間就會自然的變長。

先從短時間開始，並在自己覺得似乎有些不夠的狀態下停止作業，接著延

5 ～ 25 分鐘內能做到的事

1 列出接下來要完成的事。
2 回覆郵件。
3 精算經費。
4 整理辦公桌。
5 製作口頭報告內容草稿。

長成十五分鐘或二十五分鐘，同時開始列出自己能在時間內完成的工作內容。

番茄鐘工作法的優點，就是容易實踐「並非有幹勁才開始行動，是行動之後才有幹勁」的促進工作原理。短暫休息後立刻恢復工作狀態，可以促進大腦分泌多巴胺，減少不安或疑惑，同時提升專注力。而且，持續在短時間內做出成果，還能因此獲得意料之外的好處——發現這行動改變了自己之後，更能提高自己的動力。

五分鐘，借用潛意識力量的時間

使用番茄鐘工作法專注的進行二十五分鐘無法結束的工作時，有一項一定要遵守的規則：休息時間前後進行的工作內容，絕對不能改變。因為，雖然大腦看起來是在放空，卻仍在潛意識裡持續思考有關剛剛進行的工作內容；等到五分鐘休息時間結束，再度投入工作時，靈感就會一個接著一個跑出來，讓工作能早點結束，「睡一覺後點子變多」的道理正是如此。常常聽到「換做別件事可以轉換心情喔！」不過若在此時換別的工作，就失去休息的意義了。

因此，著手需要創意與專注力的工作時，記得要在中途安插一些休息時間；更進一步解釋，並不是每完成一項作業才休息，要在做事途中「停止手邊動作」才是正確的。如果在剛好做完一個段落的地方休息，就無法借用並發揮這個潛意識的力量。所以，「五分鐘休息」是讓自己遠離下決定、判斷，不用到任何工作記憶空間的時間，這樣一來，更能理解為何重啓工作時專注力會變高。

以我來說，我會在這五分鐘之內靜坐，或是散散步，告訴自己「好！來休息吧」之後，有些人常會趁這個時間檢查有沒有新的郵件，或是寫寫數獨或謎題，但是，「剛好利用休息時間來整理那些資料吧！」的行為，都還是會「用

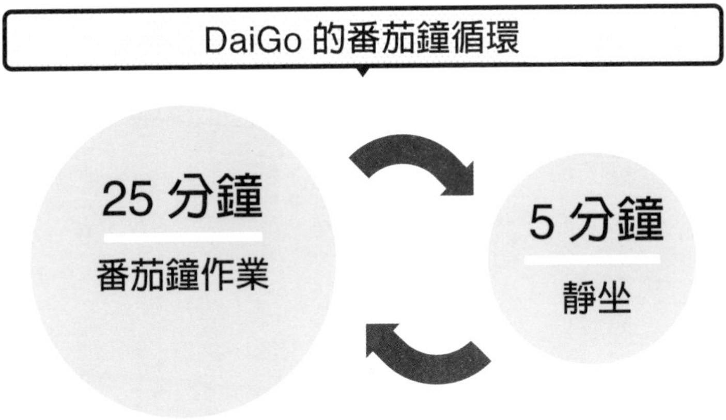

到大腦」，根本不能算休息，請記住——「一次進行二十五分鐘之後，一定要離開工作現場！」

DaiGo 番茄鐘工作法

對於所有工作，我都會根據該工作預計所需時間來活用番茄鐘工作法。例如，正好有不到一個小時的空閒時間，就進行兩次「二十五分鐘＋五分鐘的番茄鐘工作法」來完成工作。因爲我已經掌握二十五分鐘能寫幾篇文章、能發幾則推文等時間感，所以在工作與工作間的移動時間裡，能夠利用電腦或手機來處理這些輸出作業。

了解在十五分鐘或二十五分鐘這些「可控制時間」內能做哪些事是非常重要的。「這件事可以在這段時間內完成，專注力也能持續下去！」以這個想法爲標準，盡可能的記下所有能在一定時間內完成的事。因爲，太多人對於「自己能專注多久」這件事毫無自覺，如果利用番茄鐘工作法來處理重複五次「二十五分鐘＋五分鐘」循環都做不完的話，反而會得到反效果。

明明問題出在沒把握好目標設定及專注力之間的關係，卻容易因爲事情總是做不完，徒增後悔之餘而開始懷疑切隔時間提升生產力的效果，根本是本末倒置。比方說，即使書的內容再艱深，我還是可以透過重複三次「二十五分鐘＋五分鐘」將它讀完。不過，這僅是我的標準，對其他人來說並不適用。

還沒習慣番茄鐘工作法時，越是要設定基本單位時間內可以完成的目標。爲了達到目標，更要把握自己的專注力程度，以及在專注時間內能完成哪些事。

結論

以適合人體規律的「二十五分鐘＋五分鐘」循環，來累積成果吧。

時間術
3

超晝夜節律

順著專注力起伏往前邁進。

運用番茄鐘工作法，學會專注與休息的做事節奏，掌握持續專注力的訣竅之後，接著要推薦運用「超晝夜節律」的方法。

如果說番茄鐘工作法是基礎篇的話，超晝夜節律時間術可說是應用篇。換句話說，只要能學會這個技巧，不僅能在書桌前專注極長的時間，回想時也不會問自己：「我到底做了些什麼？」甚至能強烈感受到時間的存在。漸漸的你會察覺「欲得良業，唯勤是徑」這句從小聽到大的俗語有多麼不符合人性。之後，當你意識到時，自己的每小時生產力已高出想像了。

在有關睡眠的章節裡已介紹過的超晝夜節律，意指內化成生理時鐘的「九十分鐘、二十分鐘」的做事節奏；像在睡覺時，我們會重複多次的九十分鐘深層睡眠和二十分鐘淺層睡眠，直到起床為止。第一個指出這個時間生物學法則也能套用在專注力上的人，是神經生理學家佩雷茲．拉維，他在各項研究中發現運用超晝夜節律重複工作與休息的過程，會自然的提高專注力，並且使其持續下去。其中一個研究，和世界頂級小提琴手的練習時間有關。

一般人普遍認為，要成為一位頂級小提琴手，就必須廢寢忘食練習才行。不過，根據拉維博士以世界級小提琴手為實驗對象所進行的研究指出，越是順應超晝夜節律來訓練自己的人，越能獲得較好的成果。換句話說，頂級小提琴手會進行一次約九十分鐘的練習，每天總共的練習時間再長也不會超過四個半小時；另一方面，研究中發現頂級小提琴手的睡眠時間比其他人長，其中最大的特徵，就是他們都習慣在下午睡二十分鐘左右的午睡。

普通的小提琴手會因為長時間練習而疲勞不堪，頂級小提琴手卻是配合超晝夜節律，適時維持專注力同時磨練琴藝。而且，他們會進行有效午睡，代表他們意識到意志力是有限的，需要妥善使用才行。

記錄自己能專注的節律

想透過超晝夜節律來有效活用專注力，必須先篩選出專注的目標，並且一個個將其達成，且盡可能在九十分鐘內僅著手同一個目標。例如工作時常會交雜著寫到一半的郵件、正在製作的參考資料、突然的來電或訪客，需要應對人等各式各樣的「雜事」。每當雜事一出現，專注狀態就會被打斷，真正想花心思處理的目標都還沒完成，就得去處理其他事情。這種情形持續下去，或許你會誤以爲自己是個能同時處理很多任務，或是能專注在工作裡的強人也說不定。可是，當同時處理多個任務時，你會發現自己一直徘徊在各個任務間，從A到B、從B到C，再從C到A，而且轉換任務時會出現一段空檔，在這空檔裡，你會不斷的下許多小決定，重複幾次後，意志力就會大量流失。爲了能有效活用超晝夜節律，請務必在九十分鐘內專注於一項任務，並以「捨棄的勇氣」丟掉其他事項吧！

處理A時，絕對不能著手B和C，大部分的事情在九十分鐘後再處理也無大礙。了解該專注於何事，該放棄何事是非常重要的。因爲時間充裕所以什麼都想做，最後只會拉低效率。之前說明過的帕金森法則，「如果不強制把工作時間分段的話，人會將事情拖到最後一刻才處理。」也能證明這情況。因此，在決定行程表時，非常不建議在統整好的時間內突然留下一大段空白時間，如果眞的想專注，約九十分鐘最剛好。「只要有時間，兩小時或三小時都沒問題」，當心裡出現這種從容，最後都只會一事無成。

重點在於掌握自己的超晝夜節律，並且配合節律來安排工作、學習、休息時間，並非只要以九十分鐘、二十分鐘的節奏來切割時間，遵照這節奏來進行就好，就像衝浪一樣，掌握適合自己的波浪後乘著它是最重要的。所以，最好的方法是先嘗試以九十分鐘、二十分鐘的節奏進行，同時記錄自己專注的時間長度，不是記錄工作了多久，也不是記錄學習了多久，請將焦點放在「專注

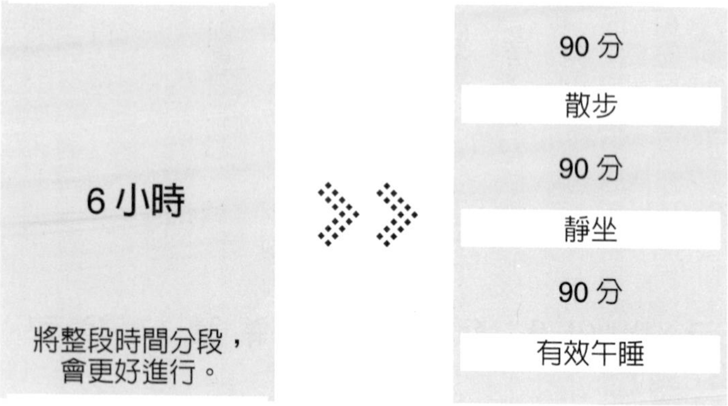

程度」上！自己是從幾點開始到幾點之間專注的處理手中作業的，就像是在寫「專注力日記」一樣。

若一整天能專注三至四個小時，已經算是相當優秀的了。像頂級小提琴手一樣，他們只要掌握了專注九十分鐘以後休息二十分鐘的行爲節奏後，絕對不會將其打亂，所以能在有限的時間裡創造出遠超出預料之外的成果。

用動態休息恢復意志力

另外，在超晝夜節律裡，「二十分鐘」的休息有著非常重大的意義。

可參考運動界廣為流傳的「動態休息法」，這個想法是基於「疲累時如果徹底休息，無論到何時都無法消除疲勞」的種種數據所構思而成的。當人覺得疲累時，最好積極的做些輕量運動，更能達到消除疲勞的效果。

順著超晝夜節律活動時，除了能睡有效午睡的時段，在二十分鐘休息時間裡最好能在辦公室裡走走、到無人的空間裡做做伸展操，或是乾脆到外面散步等，積極的動動身體吧！動態休息可給予大腦不同的刺激，協助恢復意志力。

實際上，多項研究已證實：約幾十分鐘程度的輕量運動，可以提高集中力或考察能力，並且降低不安情緒。這個狀態被稱為動態休息作用，可使前額葉變得更活躍。休息時別放空瀏覽新聞網站，要好好活動身體，這就是保持超晝夜節律的祕訣。

結論

掌握屬於自己的「九十分鐘＋二十分鐘」，能將專注力發揮到極致。

時間術 4

艾維李工作法

只做優先順序前幾名的事。消除猶豫的專注法。

「艾維李工作法」是一種篩選出必做事項的待辦事項列表，運用原則是

「在完成一項作業前，絕對不做下一件事！」

爲何需要篩選出作業內容呢？這是爲了讓你在能夠運用的時間內，發揮出最大專注力。我們會本能的在同一時間注意到多項事物，因爲必須時常警戒周邊狀況，所以不會只專注在一點上，反而會注意各種事情。這個習性是爲了在自然界生存，避免在覓食時受到外敵襲擊所必備的重要技能。不過，現在的我們處於某種程度很安全的環境下，尤其當我們想專注在學習或工作上時，這種習性就會變成不必要的阻力。

會這麼形容，也是因爲我們會有意無意的「持續去注意」到其他事物，潛意識裡「那個作業還沒做完」「這個作業也還沒完成」的感覺會越來越強烈，進而消耗意志力。緊接著所有事物的優先處理順序就會大亂，心裡會一直在意還有不少需要處理的事物，阻礙我們進入高效率處理階段。

欲脫離這種狀態，最好的辦法就是：重新確認現在可運用的時間裡要做哪件事。爲此，有許多待辦事項列表的做法可以參考，其中我最推薦的就是被稱爲「待辦事項列表始祖」的艾維李工作法。

用六個步驟統整需要專注的事

艾維李是二十世紀初非常活躍的經營顧問，被稱爲「PR之父」。當時美國最大鋼鐵公司伯利恆鋼鐵創辦人查爾斯．舒瓦伯正苦惱著該如何讓公司效率化經營，因爲不知道改善的方法，所以在用盡各種手段之後求助於艾維李。

那時，艾維李傳授的方法就是艾維李工作法。

根據舒瓦伯的要求，希望艾維李提供的並非「慢慢改變」的方法，而是能立竿見影的方法。艾維李表示：「我會傳授給您非常簡單且一石二鳥的方法，保證提升公司生產力，而且員工在下班後不會筋疲力盡。」並且約定好：「三個月過後，等您看到成果後，再支付給我相應的酬勞就好。」

雙方取得共識後，艾維李立刻傳授構思出的提升效率法，實行這方法的時間只需二十分鐘，共有以下六個實行重點：

①在紙上寫下六項「明天應做的事」。
②依重要程度順序替這六個事項編號。
③隔天照編號處理事項。
④如果無法全部完成，就將未完成事項連同悔恨一同忘掉。
⑤再重新寫下六項新的「明天應做的事」。
⑥仔細的重複①至⑤。

以我來說，我會寫下「思考現場直播節目的新企畫案」「寫一篇文章來更新最近都沒動作的部落格」「準備幾則推文」「思考新書企畫」「處理會計結算文件」「讀完堆積已久的心理相關書籍」等六項。

思考應做事項時不需要煩惱太久，照著想到的寫就好。接著，依優先順序幫事項編號，最後照著順序來工作。

雖然只需照著編好的順序來工作，但有一點原則一定要遵守：在第一項工作完成前，絕對不做其他事；在進行第一項工作期間內不要去看第二項工作，忘記它的存在。如果在工作時間內只能完成三項的話，就把剩下的四、五、六忘得一乾二淨。

艾維李對那些在意還有未完成工作的人們說：「就算只完成一項或兩項都不需太過在意，因爲你已經將那天你覺得最重要的任務完成了。」即便沒做完所有事項也不需感到悔恨，好好的列出明天要做的事吧。

雖然這個工作法距今已有一百年，不過對現代的我們來說仍能派上用場。不需要將它想得太過複雜，首先，先寫下你所認為的「明天應做的事」。

「不做」非重要的事

聽了艾維李的建議，舒瓦伯親自試用艾維李工作法，並在體驗到這方法的效果後推廣給公司的其他幹部。公司整體導入這個高效率做法後，伯利恆鋼鐵的業績也跟著改善了。三個月後，公司支付約兩萬五千美元的顧問費用給艾維李，依現在的幣值來看約爲新台幣一千五百萬元。

如果你已經在實行之前介紹的「早起生活型態」的話，早上先運用約十分鐘的時間來列表並編好優先順序吧。僅需這麼做就能立刻決定好要處理的作業內容，同時能在了解自己的專注力要用在何處的狀態下開始工作或學習。

隨著選擇和專注程度，更能將全力發揮在眞正重要的事情上，其他事情可以乾脆不做，甚至請別人處理。這麼一來能減少不必要的猶豫，讓自己能立刻行動。包含艾維李工作法，所有活用待做事項列表的方法都是以這點爲原則出發。

標出誘發專注力的「0 號」

作爲艾維李工作法的「加強版祕技」，我特別推薦大家在每週一開始時寫下「0 號」事項。

這個「0 號」是誘發專注力的火種。當我們去露營時，剛開始生火很難立刻用木柴升成大火，這時候就需要報紙、火種等輔助工具，先在細枝上生起小火後慢慢移到柴堆裡，讓它生成大火，才是正確順序。

這個順序也能套用在專注力上。週末假日結束後的第一個工作日，出現在工作列表裡的最重要事項，對你來說應該是眞的非常需要處理的問題才是；但是，正因爲它很重要，所以處理起來應該也相對困難。

這情況就像木柴生火一樣，突然要處理這麼困難的事實在有點勉強自己。

所以，我們事先準備了像是火種一般的次要目標——這就是所謂的「0號」事項。從好上手的簡約作業開始進行，將行動轉化成幹勁和專注力的開關。

我自己會閱讀幾頁最近有興趣的書，對我來說是最剛好的0號事項。試著準備好專注力的火種，迎接一週的開始吧。

\ 結論 /

一次只處理一件事。

將有限的意志力投注在焦點上吧！

時間術

5

空出行程表

故意空出時間，可
急遽提升專注力！

最後一招時間術稱爲「空出行程表」！只要學會這個方法，就能減少當天無法將所有事做完的挫折感。例如，今天排了二十項待辦事項，但是才剛做完第七個就到了下班時間，爲此覺得相當挫折……而因此認定今天諸事不順，深深自我檢討，還讓心情跟著低迷起來。

如同先前介紹的艾維李工作法原則，安排「二十項」任務本來就過多；不過，對於過度認眞的人來說，無法做完這些事還是會覺得沮喪。

或是減重中的人不小心吃了一口蛋糕，結果完全自我放棄，覺得「反正已經減重失敗了，什麼都無所謂了！」就把剩下的蛋糕也吃完；原本最好的應對方法是絕對不吃第二口，卻因爲減重時的過度節制，反而造成自己大失控。

要避免自己陷入過度情緒波動或是感到不必要的沮喪，「提前空下什麼都不做的時間」最能派上用場。比方像先前提過的，我將早上訂爲自己的「吸收時間」，但偶爾還是會有推辭不了的演講、研修或節目來賓邀請，讓吸收時間瞬間變成輸出作業時間了。因爲我是希望能照計畫進行所有事的人，所以每當有這種邀請取代我原先的計畫時，心中會留下「明明該是吸收學習時間的……」疙瘩，這時我會刻意模糊掉時間感，重新安排行程表。

「因爲今天輸出作業時間增加了，所以在之前刻意空下的時間裡增加吸收時間就好。」只是多了這個動作，就能一口氣撫平未照表操課所造成的心理疙瘩。

明明正在減重中卻不小心吃了蛋糕……那麼，今天的晚餐就少吃一點，在空下的時間裡增加跑步時間就好。

不是要特意的去有效運用時間，而是刻意準備能當作緩衝的時間，藉此使自己多了些從容。以結論來看，這種從容會讓我們更能投入在想專注的時間裡。

每週空出兩天「留白時間」

這個方法最能幫助到每天都會設定目標值的人。因爲一般提倡的時間術或工作法都會讓人在注重效率的情況下設定好計畫，卻總是無法順利實行。明明無法如願照計畫實行的只有今天一天，卻會被「今天好不順」的想法影響第二天之後的動力——這種情況也時常發生。

因此，安排預辦事項和目標絕對不以一日爲單位來計畫，必須改用七天內（一星期）來設定目標數值，隨著設定期間單位的改變，「今天做不好」之類的挫折感也會一同消失。

我在安排預辦事項時，這「留白時間」也幫了我大忙。以網路相關的工作爲例，我背負著上傳推特、網誌、niconico 動畫及電子報等工作任務；我每天都會在推特上發表三則推文，在網誌更新一篇文章，因此一定得寫草稿才行；換句話說，一天三則推文、一篇文章，如果將這個當成一日目標值的話，自己沒做到的那天一定會心有不安。所以，才需要將目標值模糊化，改以一週為單位換算的話，總共要想二十一則推文、七篇文章。這樣一來只要在這一週內完成即可，接著在放假休息前一天晚上確認有沒有達到目標就好。

我時常在星期六、日工作，在星期二、三休息，所以每次都在星期一晚上確認是否達成目標；如果尚未達標，就把剩下的目標移到休息日裡完成。

如果是上班族的話，就在星期五晚上確認，還沒做完就移到六、日完成，若已達標就能放心地享受週末。重點在於，因為有了能做為緩衝的時間，所以不管有沒有達標，大腦都不會留下未完成的不安感，能以爽朗的心情迎接休息日。以一天為單位安排行程計畫時所感受到的「今天也沒做到」挫折感也會因此減少。

「刻意空下時間」看起來似乎很沒效率，跟之前所說的提升專注力相互矛盾，實際上卻是清楚區隔出各種行動的重要順序，減少猶豫的同時，能增加著手作業時的專注程度。不再因挫折而完全放棄、浪費時間，更能毫不猶豫的採取行動，光是習慣了這兩點，就能延長專注作業的時間。如果無法如預定般進行就開始後悔並責怪自己的話，最終只會一事無成，所以才刻意製造出能因應小狀況發生的緩衝時間，使自己多點從容。

有計畫的「偷懶時間」會自動提升專注力

和先前介紹的「一週空下兩天，做爲留白時間」不同，還有一種方法是在一天裡做出「刻意放空的時段」，這是我每天都在實行的方法，還將它取名爲「偷懶時間」。不管一整天工作多滿，一定會習慣空出個偷懶時間給自己，這麼做的原因是爲了讓自己處於「道德許可」的狀態，而在之後能提升專注力。

道德許可是心理學用語，意指「我做了很多好事了，做一點小壞事也沒關係吧」的心態。俗語「常備不懈」顯示出：無論是誰做出好結果後都會開始鬆懈；緊張和放鬆的機制都是人類的本能，完全抑制鬆懈是不可能的。

假設對考試迫在眉睫的學生說：「你今天讀了多少書？」「爲了考出好成績，你眞的很努力呢！」此時該學生能憑藉這些評語了解自己的讀書量和努力程度，並因此更有自信。同時，道德許可心態也跟著開始作祟，導致該學生隔天開始的偷懶機率大增。

這個情況不只發生在讀書學習上，工作上也一樣。在爲了達成目標的過程中，自己付出的努力與目標達成度被他人察覺到或肯定時，就會開始鬆懈。「今天被部長稱讚了，今晚就好好放鬆一下吧！」接著豪飲黃湯犒賞自己，結果隔天宿醉，不但工作無法如期完成，導致整體計畫得重新安排，先前的努力都因此白費了……半調子的滿足感會打斷專注力，成爲達成目標的阻礙。

「我已經很努力了，所以偷懶一下也可以吧！」——只要是人，都無法抑制這種想法，所以要刻意幫自己留下可以偷懶的時間。

以我來說，我會故意在一天裡抽一至兩個小時，在這時間內看好笑的節目或電影，讓自己懶散的度過，重要的是，要在自己能控制的範圍內度過偷懶時間。這樣一來，即便當天覺得「今天已經很努力了」「被別人認同了」「好

國家圖書館出版品預行編目資料

專注力,就是你的超能力：掌控自我、提升成績的18個學習武器／DaiGo 作；高宜汝 譯. -- 初版. -- 臺北市：方智，2017.07
240 面；14.8×20.8公分. --（生活智庫；152）
譯自：自分を操る超集中力
ISBN 978-986-175-464-2（平裝）
1.注意力 2.成功法

176.32
106008303

Eurasian Publishing Group
圓神出版事業機構
用心與你對話・視野無限寬廣
方智出版社
Fine Press

www.booklife.com.tw
reader@mail.eurasian.com.tw

生涯智庫 152

專注力，就是你的超能力：
掌控自我、提升成績的18個學習武器

作　　者／DaiGo
譯　　者／高宜汝
發 行 人／簡志忠
出 版 者／方智出版社股份有限公司
地　　址／台北市南京東路四段50號6樓之1
電　　話／（02）2579-6600・2579-8800・2570-3939
傳　　真／（02）2579-0338・2577-3220・2570-3636
總 編 輯／陳秋月
資深主編／賴良珠
責任編輯／鍾瑩貞
校　　對／鍾瑩貞・賴良珠
美術編輯／潘大智
行銷企畫／陳姵蒨・徐緯程
印務統籌／劉鳳剛・高榮祥
監　　印／高榮祥
排　　版／陳采淇
經 銷 商／叩應股份有限公司
郵撥帳號／18707239
法律顧問／圓神出版事業機構法律顧問　蕭雄淋律師
印　　刷／祥峯印刷廠
2017年7月　初版
2024年3月　28刷

定價 280 元
ISBN 978-986-175-464-2